Christa Koppensteiner, Christl Meixner

Lese- und Lernprofi 3

Sinnerfassend lesen lernen mit Sofia, der Leseeule

Mildenberger

Ein Großteil der Lerntipps in den „Lese- und Lernprofi"-Bänden stammt aus den Büchern:

„Easy Learning 1", Lerngrundlagen – Wie Lernen funktioniert

„Easy Learning 2", Lerntechniken – So lerne ich erfolgreich

„Easy Learning 3", Die Praxis – Lernen in den Fachgegenständen

von Christa Koppensteiner, Bildungsverlag Lemberger, Wien 2006

Lese- und Lernprofi 3
Sinnerfassend lesen lernen
mit Sofia, der Leseeule

Originalausgabe
Bildungsverlag Lemberger
Pointengasse 21 - 23/11
A - 1170 Wien
www.lemberger.at

Bestell-Nr. 3406-40 · ISBN 978-3-619-34640-0

www.mildenberger-verlag.de
E-Mail: info@mildenberger-verlag.de

7. Auflage 2026

Redaktion: Dr. Mirja Piltz
Grafik: Mildenberger Verlag GmbH
Illustrationen: Elisabeth Lottermoser, 32756 Detmold
Druck: F&W Druck- und Mediencenter GmbH, 83361 Kienberg
Gedruckt auf umweltfreundlichen Papieren

www.mildenberger-verlag.de

Inhalt

Lesetechnik

Lesetraining

Inhalt

Inhalt

Sachtexte und Gedichte lesen

Übungen mit dem Wörterbuch

Texte als Diskussionsgrundlage; Förderung von Kommunikation und Rhetorik

Inhalt

Märchen (mittelhochdeutsch „maere“ = Kunde, Bericht)

Märchen beginnen häufig mit den Worten: „Es war einmal …“. Die Handlung ist fantastisch, Tiere können sprechen und es gibt Zauberwesen wie Hexen, Zauberer, Feen und Elfen, die Wünsche erfüllen oder böse Menschen bestrafen. Märchen gibt es schon seit Jahrhunderten. Sie wurden immer wieder weitererzählt. Jeder Erzähler schmückte die Geschichte weiter aus und erfand seine eigene Version*. Deshalb spricht man auch von Volksmärchen.
Märchen wurden erstmals im 19. Jahrhundert von den Brüdern Grimm gesammelt und veröffentlicht. Später haben Dichter wie Hans Christian Andersen oder Wilhelm Hauff neue Märchen erfunden und aufgeschrieben. Diese Märchen nennt man Kunstmärchen.

* *Version = Fassung*

Mascha und der Bär, Seite 71
Der Mann, der den Schatten verkaufte, Seite 108

Sage (althochdeutsch „saga“ = Gesagtes)

Sagen sind mündlich überlieferte Erzählungen, deren Inhalt für wahr gehalten wurde oder auf einem wahren Kern basiert. Sie sind realistischer als Märchen, wurden jedoch ebenso wie diese im Lauf der Zeit ausgeschmückt und ständig umgestaltet. Sagen sind mit einem bestimmten Ort verbunden oder spielen zu einer genau bestimmten Zeit. Geschichtliche Ereignisse oder Gestalten stehen im Mittelpunkt der Handlung. Oft wird sie so sachlich erzählt, dass selbst die unglaublichsten Ereignisse als wahr empfunden werden.

Der Teufel und Katja, Seite 73

Fabel (lateinisch „fabula“ = Geschichte, Erzählung)

Der Begriff Fabel bezeichnet eine Erzählung mit belehrender Absicht, in der vor allem Tiere menschliche Eigenschaften besitzen, die erkannt werden sollen (zum Beispiel Neid, Geiz, Dummheit, Klugheit, Großzügigkeit, Hilfsbereitschaft, Faulheit).

Am Ende kommt es meist zu einer überraschenden Wendung in der Geschichte, der sogenannten Schlusspointe[1]. An diese schließt sich häufig eine allgemeingültige Moral[2] an.

1 Pointe = (franz. pointe = Spitze, spätlat. puncta = Stich) geistreicher, überraschender Schlusseffekt
2 Moral = Lehre

Die Konferenz der Mäuse, Seite 69
Die Stadtmaus und die Landmaus, Seite 103
Die Gans mit den goldenen Eiern, Seite 105
Der aufgeblasene Frosch, Seite 111

Gedicht und Erzählgedicht

Gedichte sind meist kürzere literarische Texte. Sie bestehen oft aus Versen und Strophen, die in einem bestimmten Sprechrhythmus gesprochen werden. Gedichte verwenden eine bildreiche Sprache. Sie sind ursprünglich aus Liedern hervorgegangen. In der Antike* begleiteten fahrende Sänger ihren Vortrag auf der „Lyra“, einem Saiteninstrument. Man spricht deshalb als Oberbegriff für alle Gedichtformen von „Lyrik“. Balladen sind längere, gereimte Gedichte und werden auch häufig Erzählgedichte genannt.

** Die Antike bezeichnet einen Zeitraum des Altertums im Mittelmeerraum von etwa 800 v. Chr. bis ca. 600 n. Chr.*

Die Katze Fanny, Seite 44
Martinslied, Seite 81
Lieber Nikolaus, Seite 82

Hallo und herzlich willkommen!

Ich bin Sofia, die Leseeule.

Ich werde dich durch dieses Heft begleiten und dir wichtige Lesetipps geben. Am Ende des Schuljahres wirst du dann eine richtige Leseeule sein.

Wer nicht gut lesen kann, findet sich kaum im Leben zurecht. Wir lesen Bücher und Zeitungen genauso wie Gebrauchsanweisungen, Hinweisschilder, die Speisekarte und vieles mehr. Wir lesen nicht nur, um uns zu unterhalten, sondern auch um uns zu informieren und um zu lernen. Deshalb ist das Lesen auch so wichtig.

Übung macht den Meister!

Wer ein Musikinstrument erlernt, weiß, dass er viel üben muss. Beim Lesen ist das auch so. Nur wer viel liest, liest auch gut.

Und jetzt gehts los. Viele spannende Geschichten und Aufgaben erwarten dich. Ich wünsche dir viel Spaß!

Deine Sofia

Eingangs-Lesetest

Mit dem folgenden Lesetest kannst du überprüfen, wie gut du momentan Texte, die du gelesen hast, verstehen kannst.

Aufgabenstellung:

- Der Test besteht aus vier Teilaufgaben.
- Löse alle vier Aufgaben und vergleiche anschließend deine Ergebnisse mit den Lösungen auf Seite 14.
- Je mehr richtige Antworten du hast, desto besser hast du die Texte verstanden.

Aufgabe 1:

Lies dir jeden Satz durch und stelle fest, ob die Aussage richtig **R** oder falsch **F** ist. Kreise die jeweils zutreffende Aussage ein.

Zeit: 3 Minuten

1)	Fische leben auf Bäumen.	**R**	**F**
2)	Der Osterhase bringt bunte Ostereier.	**R**	**F**
3)	Viele Autos fahren mit Benzin oder Diesel.	**R**	**F**
4)	Die Katze bellt laut.	**R**	**F**
5)	Auf dem Herd werden Speisen gekocht.	**R**	**F**
6)	Seife und Zahnpasta findet man im Badezimmer.	**R**	**F**
7)	Erdbeeren sind rot.	**R**	**F**
8)	Zu Ostern kommt das Christkind.	**R**	**F**
9)	Oma isst gerne Rosen.	**R**	**F**
10)	Ein Jahr hat fünf Jahreszeiten.	**R**	**F**
11)	Der Elefant ist ein Haustier.	**R**	**F**
12)	Die Milch kommt von den Kühen.	**R**	**F**
13)	Die Eier kommen von den Schweinen.	**R**	**F**
14)	Die Katze hat ein Fell.	**R**	**F**
15)	Bananen muss man vor dem Essen schälen.	**R**	**F**
16)	Die beste Sicht hat man bei dichtem Nebel.	**R**	**F**

17)	Wenn jemand verletzt ist, dann ruft man die Polizei.	R	F
18)	Eine Sonnencreme schützt vor Sonnenbrand.	R	F
19)	Die Katze schnurrt.	R	F
20)	Wer schlecht hört, braucht eine Brille.	R	F

Aufgabe 2:

Lies dir jeden Satz durch und setze das passende Wort ein.

Zeit: 4 Minuten

hängen, abschrecken, schnurrt, fangen, faucht, hören, Dunkelheit

Die Katze ist ein guter Freund des Menschen. Sie mag es, wenn man sie streichelt, und sie ________________, wenn sie sich wohlfühlt. Fühlt sich dagegen eine Katze bedroht, so ________________ sie, sträubt ihr Fell und legt die Ohren zurück. Oft kann sie dadurch Eindringlinge erfolgreich ________________. Hauskatzen sind keine Rudeltiere und folgen daher auch keinem Leittier. Jede Katze geht ihre eigenen Wege. Ihre Lieblingsplätze sucht sie sich am liebsten selbst aus. Die Katze kann bei ________________ sehr gut sehen. Sie lauert lange und ausdauernd auf ihre Beute, um sie dann mit einem Satz zu ________________. Die Katze frisst Mäuse, gelegentlich fängt sie auch Vögel. Damit sie diese nicht so leicht fangen kann, ________________ ihr die Menschen manchmal ein Glöckchen um den Hals. Das ist praktisch. Denn so ist die Katze schon von Weitem zu ________________.

Aufgabe 3:

Im folgenden Text haben sich 10 Wörter eingeschlichen, die nicht in den Text passen und somit keinen Sinn ergeben.

Finde sie und streiche sie durch.

⏱ Zeit: 6 Minuten

Es war einmal ein armes frommes Mädchen bunt, das lebte mit seiner Mutter allein, und sie hatten nichts Neues mehr zu essen. Draußen im Wald begegnete dem Kind eine alte Frau. Die alte Frau wusste von der Armut des Mädchens und schenkte ihm ein Töpfchen. Die Frau erklärte rot ihr: „Wenn du zu dem Töpfchen ‚Töpfchen, koche!' sagst, so kocht es guten, süßen Hirsebrei. Und wenn du sagst: ‚Töpfchen, steh!', so hört es wieder auf zu kochen." Das Mädchen hoch freute sich und brachte den Topf trug zu seiner Mutter heim. Nun waren sie vorgestern nicht mehr arm. Sie aßen süßen Brei, sooft sie wollten.

Eines Tages ging das Mädchen aus. Die Mutter kochte brühte sich Hirsebrei, um sich ihm satt zu essen, doch leider fielen ihr die Worte nicht mehr ein, die sie sagen musste, damit das Töpfchen aufhörte zu kochen.

So kochte das Töpfchen bellend weiter und weiter und bald waren das ganze Haus und die ganze Straße voller Hirsebrei.

Zum Glück kam dann das Mädchen heim und sagte die Worte: „Töpfchen, steh!", und sofort hörte das schnurrende Töpfchen auf zu kochen. Alle Leute, die in die Stadt wollten, mussten sich jetzt durch den Hirsebrei durchessen.

Aufgabe 4:

Was ist gemeint? Male das richtige Bild an.

Zeit: 3 Minuten

a) Manchmal sieht man es am Waldrand oder auf einer Wiese stehen, aber normalerweise lebt es im Wald. Es ist sehr scheu. Das Junge heißt Kitz und man darf es nicht anfassen. Der Geruch vom Menschen würde die Mutter nämlich vertreiben.

a) der Hase

b) das Huhn

c) das Reh

b) Zeit: 3 Minuten

Wie liegt das Obst? Die Mutter richtet Obst für einen Obstsalat her. Zuerst wäscht sie einen Apfel, dann wäscht sie eine Birne und dann fünf Erdbeeren. Sie legt das Obst der Reihe nach auf ein Brett. Nachher schält sie noch eine Banane und eine Orange und legt sie zum anderen Obst dazu. Bernd isst die Birne auf. Welches Obst liegt auf dem Brett und in welcher Reihenfolge? Zeichne es ohne nachzulesen auf.

Nun vergleiche mit den Lösungen auf Seite 14 und trage deine Ergebnisse hier ein:

Aufgabe 1: Anzahl richtiger Antworten: ____________ /20

Aufgabe 2: Anzahl richtig eingesetzter Wörter: ____________ /7

Aufgabe 3: Anzahl der Wörter, die nicht in den Text passen: ____________ /10

Aufgabe 4: Anzahl richtiger Lösungen: ____________ /2

LÖSUNGEN

Aufgabe 1: Richtig oder falsch

1. R Ⓕ	6. Ⓡ F	11. R Ⓕ	16. R Ⓕ
2. Ⓡ F	7. Ⓡ F	12. Ⓡ F	17. R Ⓕ
3. Ⓡ F	8. R Ⓕ	13. R Ⓕ	18. Ⓡ F
4. R Ⓕ	9. R Ⓕ	14. Ⓡ F	19. Ⓡ F
5. Ⓡ F	10. R Ⓕ	15. Ⓡ F	20. R Ⓕ

Aufgabe 2: Wörter richtig einsetzen

Die Katze ist ein guter Freund des Menschen. Sie mag es, wenn man sie streichelt, und sie schnurrt, wenn sie sich wohlfühlt. Fühlt sich dagegen eine Katze bedroht, so faucht sie, sträubt ihr Fell und legt die Ohren zurück. Oft kann sie dadurch Eindringlinge erfolgreich abschrecken. Hauskatzen sind keine Rudeltiere und folgen daher auch keinem Leittier. Jede Katze geht ihre eigenen Wege. Ihre Lieblingsplätze sucht sie sich am liebsten selbst aus. Die Katze kann bei Dunkelheit sehr gut sehen. Sie lauert lange und ausdauernd auf ihre Beute, um sie dann mit einem Satz zu fangen. Die Katze frisst Mäuse, gelegentlich fängt sie auch Vögel. Damit sie diese nicht so leicht fangen kann, hängen ihr die Menschen manchmal ein Glöckchen um den Hals. Das ist praktisch. Denn so ist die Katze schon von Weitem zu hören.

Aufgabe 3: Falsche Wörter im Text

Es war einmal ein armes frommes Mädchen ~~bunt~~, das lebte mit seiner Mutter allein, und sie hatten nichts ~~Neues~~ mehr zu essen. Draußen im Wald begegnete dem Kind eine alte Frau. Die alte Frau wusste von der Armut des Mädchens und schenkte ihm ein Töpfchen. Die Frau erklärte ~~rot~~ ihr: „Wenn du zu dem Töpfchen ‚Töpfchen, koche!' sagst, so kocht es guten, süßen Hirsebrei. Und wenn du sagst: ‚Töpfchen, steh!', so hört es wieder auf zu kochen." Das Mädchen ~~hoch~~ freute sich und brachte den Topf ~~trug~~ zu seiner Mutter heim. Nun waren sie ~~vorgestern~~ nicht mehr arm. Sie aßen süßen Brei sooft sie wollten. Eines Tages ging das Mädchen aus. Die Mutter kochte ~~brühte~~ sich Hirsebrei, um sich ~~ihm~~ satt zu essen, doch leider fielen ihr die Worte nicht mehr ein, die sie sagen musste, damit das Töpfchen aufhörte zu kochen. So kochte das Töpfchen ~~bellend~~ weiter und weiter und bald waren das ganze Haus und die ganze Straße voller Hirsebrei. Zum Glück kam dann das Mädchen heim und sagte die Worte: „Töpfchen, steh!", und sofort hörte das ~~schnurrende~~ Töpfchen auf zu kochen. Alle Leute, die in die Stadt wollten, mussten sich jetzt durch den Hirsebrei durchessen.

Aufgabe 4: Das richtige Bild anmalen

a) das Reh
b) Apfel, fünf Erdbeeren, Banane, Orange

Übung 1

Lies Bücher, die dich interessieren! Dann macht das Lesen Spaß!

Damit du verstehst, was du liest, und damit du nachher auch weißt, was du gelesen hast, ist es wichtig, dass du dir den Textinhalt genau vorstellst.

Es ist fast wie beim Fernsehen.
Beim Fernsehen siehst du dir einen Film auf dem Bildschirm an.
Beim Lesen soll der Film in deinem Kopf entstehen.

Auch du hast sicher schon einen Film so richtig miterlebt.
Du siehst die Bilder, hörst die Stimmen, die Musik und die Geräusche und fühlst so richtig mit den Schauspielenden mit.

Beim Lesen sollte das auch so sein. Stelle dir alles, was du liest, genau vor. Höre die Stimmen und Geräusche in deinem Kopf und fühle dich in das Geschehen ein. Eine zusätzliche Bereicherung ist es, wenn du auch deinen Geruchs- und Geschmackssinn beim Lesen mit einbeziehst.

Ich zeige dir nun Schritt für Schritt, wie du beim Lesen mit allen Sinnen vorgehen musst.

1. Schritt:

Stelle dir die folgenden Sätze **bildhaft** vor.

a) Der Pudel streckt alle vier Beine in die Luft und schläft.
b) In der Ferne ist ein Heißluftballon zu sehen.
c) Laufen wir um die Wette?
d) Kannst du mir bei den Mathe-Hausaufgaben helfen?
e) Er ging ganz langsam zur Schule.
f) Die Rosen sind wunderschön.
g) Der Skifahrer stürzt.
h) Die Ampel steht auf Grün.

2. Schritt:

Stelle dir die folgenden Sätze **mit den dazugehörigen Geräuschen, Tönen und Stimmen** vor.

a) Die Biene summt, die Kuh muht und die Katze schnurrt.
b) Das Flugzeug braust über sie hinweg.
c) Er schreit aus vollem Halse: „Lass mich doch endlich in Ruhe!"
d) Sie flüstert: „Los, komm mit!"
e) Er hört eine leise Melodie.
f) Das Meer rauscht.
g) Der kleine Springbrunnen plätschert.
h) Die Vögel zwitschern.

Kannst du dir die Sätze bildlich vorstellen und spüren, wie sich die Dinge anfühlen?

3. Schritt:

Stelle dir die folgenden Sätze **mit dem dazugehörigen Gefühl** vor.

a) Die Katze spaziert auf dem heißen Blechdach.
b) Susi fühlt sich krank.
c) Thomas tut der Kopf weh.
d) Er spürt das Gras unter seinen Füßen.
e) Der Wind bläst stürmisch und weht ihr die Haare ins Gesicht.
f) Das Wasser ist eiskalt.
g) Christine streichelt zärtlich die Katze.
h) Johannes fürchtet sich im Dunkeln.

Kannst du dir alle Sätze bildlich vorstellen, den Geruch riechen und das Essen schmecken?

4. Schritt:

Stelle dir die folgenden Sätze **mit dem dazugehörigen Geruch** vor. Stelle dir auch vor, **wie das Essen schmeckt**.

a) Im Gasthaus riecht es nach Pizza.
b) Mama schnuppert an den Rosen. Oh, die duften aber gut.
c) Im Wald riecht es herrlich.
d) Silvia sagt: „Hier riecht es nach brennenden Kerzen."
e) Weihnachtsduft liegt in der Luft.
f) Markus trinkt Kaffee, aber Sophie mag lieber Kakao.
g) Das Eis schmeckt nach Erdbeeren und Vanille.
h) Der Salat schmeckt sauer.

Übung 2

Achte beim Lesen darauf, dass du dir die Geschichte wie einen Film vorstellst!

Kannst du dir vorstellen, wie der Garten mit den Lampions und den Girlanden aussieht? Weißt du, wie frisches Popcorn riecht und wie es schmeckt? Kannst du dir Oma im Schaukelstuhl vorstellen, wie sie vom Ball getroffen wird und wie weh ihre Nase tut?

Lies folgende Geschichte mit allen Sinnen.

Volltreffer

Manfred hat Geburtstag. Acht Jahre ist er alt und aus diesem Anlass darf er eine Party machen. Zur Party lädt Manfred nur seine besten Freunde ein, alles Jungs aus seiner Klasse. „Warum lädst du nicht auch ein paar Mädchen ein?“, fragt seine Mutter. Manfred schüttelt heftig den Kopf. „Kommt nicht in Frage!“, sagt er. „Mädchen sind doof.“

Bald ist die Party in vollem Gange. Die Jungs spielen im Garten Fußball. Mama hat zwischen den Obstbäumen bunte Girlanden und ein paar Lampions aufgehängt. Unter dem Apfelbaum steht der Tisch mit den Getränken und dem frischen Popcorn. Oma sitzt im Schaukelstuhl und sieht der wilden Bande beim Fußballspielen zu. Thomas schießt gerade. Der Ball fliegt, aber nicht ins Tor, sondern der Oma auf die Nase. Volltreffer! Thomas reißt vor Schreck Mund und Augen weit auf und steht wie vom Blitz getroffen auf dem Fußballfeld …

1. Richtig ☑ oder falsch ☒ ?

a) Thomas hat Geburtstag. ☐
b) Manfred hat Geburtstag. ☐
c) Manfred lädt nur Mädchen ein. ☐
d) Der Tisch mit den Getränken steht unter dem Apfelbaum. ☐
e) Oma sitzt im Gartensessel. ☐
f) Die Jungs spielen im Garten Fußball. ☐
g) Thomas schießt den Ball der Oma auf die Nase. ☐

2. Überlege, wie die Geschichte weitergehen könnte.

3. Kannst du den Text immer noch lesen?
Welcher Buchstabe fehlt?

Volltr_ff_r

Manfr_d hat G_burtstag. Acht Jahr_ ist _r alt und aus di_s_m Anlass darf _r _in_ Party mach_n. Zur Party lädt Manfr_d nur s_in_ b_st_n Fr_und_ _in, all_s Jungs aus s_in_r Klass_. „Warum lädst du nicht auch _in paar Mäd-ch_n _in?“, fragt s_in_ Mutt_r. Manfr_d schütt_lt h_ftig d_n Kopf. „Kommt nicht in Frag_!“, sagt _r. „Mädch_n sind doof.“

Bald ist di_ Party in voll_m Gang_. Di_ Jungs spi_l_n im Gart_n Fußball. Mama hat zwisch_n d_n Obstbäum_n bunt_ Girland_n und _in paar Lampions aufg_hängt.
Unt_r d_m Apf_lbaum st_ht d_r Tisch mit d_n G_tränk_n und d_m frisch_n Popcorn. Oma sitzt im Schauk_lstuhl und si_ht d_r wild_n Band_ b_im Fußballspi_l_n zu. Thomas schi_ßt g_rad_. D_r Ball fli_gt, ab_r nicht ins Tor, sond_rn d_r Oma auf di_ Nas_. Volltr_ff_r! Thomas r_ißt vor Schr_ck Mund und Aug_n w_it auf und st_ht wi_ vom Blitz g_troff_n auf d_m Fußballf_ld.

Der Buchstabe _ fehlt.

Übung 3

Lies nun folgende Geschichte und lass einen Film in deinem Kopf entstehen.

Uri, das Burggespenst

In der alten, abgelegenen Burg Spukenfels wohnt schon lange niemand mehr. Niemand außer Uri, dem Burggespenst. Es ist ziemlich langweilig für ein Gespenst, wenn keiner da ist, den es mit einem kleinen Spuk erschrecken kann. So ist Uri dann über die Jahre ein bisschen faul geworden und schläft die meiste Zeit. Jeden Samstag steht Uri jedoch ganz früh auf und sucht in den Stellenanzeigen der Zeitung nach Arbeit. Aber niemand braucht ein Gespenst. Vielleicht liegt es daran, dass Uri immer dieselbe Zeitung studiert, und die ist mittlerweile schon 32 Jahre alt. Alles wird für Uri anders, als eines Tages die Familie Muthmann in die Burg einzieht. Uri freut sich und reibt sich seine blassen Hände. Vier Menschen und ein Hund – endlich kehrt Leben in die Burg ein und Uri kann wieder spuken!

„Ich fange mit der Wolfsnummer an“, sagt Uri. Er wartet, bis es dunkel wird, und dann heult er los wie ein großer Wolf. Nichts passiert. Nur Frido, der Hund, ist aufmerksam geworden: Er läuft auf Uri zu und will mit ihm spielen – aber das ist dem Burggespenst ein bisschen unheimlich.

Schnell flieht Uri in sein Zimmer. Seine Geistertruhe ist randvoll mit bestem Spukzubehör. Uri beschließt, mit dem Kettenrasseln weiterzumachen. „Das hat bisher jeden erschreckt“, sagt er sich, als er die Ketten aus der Kiste kramt.
Aber Uri ist ziemlich aus der Übung: Die Ketten sind ihm viel zu schwer. So kann er sicher niemanden erschrecken. Aber so

schnell gibt Uri nicht auf. Er findet etwas viel Besseres in der Kiste: eine große, ekelige Gummispinne. Er huscht ins Wohnzimmer und lässt sie an einem Faden vor der Nase der Mutter baumeln. Doch sie erschreckt sich nicht. Uri kann es kaum glauben – sie freut sich sogar über die Spinne! Sie erklärt ihren Kindern: „Spinnen sind sehr nützliche Tiere, sie fressen Mücken und Fliegen." Uri rauscht ein bisschen beleidigt mit der Spinne davon. „Jetzt werde ich es bei dem Jungen versuchen", denkt Uri. Er versteckt sich in einer Ecke. Während er wartet, übt er seine schrecklichsten Fratzen. Damit kann er den Jungen bestimmt erschrecken. Aber als Pascal um die Ecke kommt, zuckt Uri zusammen: Pascal hat seine Monstermaske auf dem Kopf. So etwas Merkwürdiges hat Uri noch nie gesehen! Uri braucht eine Weile, um sich von dem Schreck zu erholen. Dann kramt er eine Knochenhand hervor. „Die ist genau richtig für das Mädchen", denkt Uri. Leise schwebt er in Sarahs Zimmer und legt die Hand auf ihre Schulter. Aber Sarah sagt nur: „Pascal, lass doch, ich muss lernen." Uri beschließt, einen Trick zu versuchen, mit dem einer seiner Vorfahren berühmt geworden ist: Mit roter Farbe malt er einen großen Blutfleck auf den Teppich. Aber sein Fleck wird gar nicht beachtet! Die Kinder machen mit Tomatenketchup viel größere Flecken und das findet niemand schlimm. Uri ist traurig und weiß nicht mehr weiter. Als Schreckgespenst war er erfolglos. Er nimmt seine Truhe und will Burg Spukenfels für immer verlassen. Und endlich – als die Familie Muthmann Uri ausziehen sieht, erschrecken sich alle fürchterlich. Auf ihr Burggespenst wollen sie auf keinen Fall verzichten!

„Hurra!", ruft Uri. „Nun habe ich es doch noch geschafft, die ganze Familie zu erschrecken!" Uri fühlt sich großartig und alle anderen sind froh, dass ihr Spukgespenst bei ihnen bleibt.

Alfred Neuwald

Hast du dir die Geschichte bildlich vorgestellt? Dann beantworte die folgenden Fragen.

1. Was bedeutet: „Uri flieht in sein Zimmer“?

a) Uri flüchtet in sein Zimmer. ▢
b) Uri bleibt in seinem Zimmer. ▢

2. Was versteht man unter Spukzubehör?

a) Sachen, die man zum Spuken braucht, wie zum Beispiel Ketten ▢
b) eine große Holzkiste ▢

3. Was bedeutet: „Er übt seine schrecklichsten Fratzen“?

a) Er macht ein ganz liebes Gesicht. ▢
b) Er macht ein furchtbar hässliches Gesicht. ▢

4. Was bedeutet ekelig?

a) sehr schön ▢
b) abstoßend, widerlich ▢

5. Wie heißt das Burggespenst?

a) Nuri ▢
b) Uri ▢
c) Iru ▢

6. Wie heißt die Burg, in der das Burggespenst lebt?

a) Burg Spukenfels ▢
b) Burg Spakenfels ▢
c) Burg Spukenstein ▢

Lesetechnik

7. Was macht Uri die meiste Zeit?

a) schlafen ▢
b) wandern ▢
c) spuken ▢

8. Wie alt ist die Zeitung, die Uri studiert?

a) 23 Jahre ▢
b) 32 Jahre ▢
c) 28 Jahre ▢

9. Wer zieht in die Burg ein?

a) Familie Mutig ▢
b) Familie Muthfrau ▢
c) Familie Muthmann ▢

10. Was macht Uri daraufhin?

a) Er spinnt. ▢
b) Er spukt wieder. ▢
c) Er ist traurig. ▢

11. Was ist mit den Ketten?

a) Die Ketten sind Uri zu hässlich. ▢
b) Die Ketten sind Uri zu lang. ▢
c) Die Ketten sind Uri zu schwer. ▢

12. Wie heißen die Kinder?

a) Pascal und Sarah ▢
b) Peter und Sarah ▢
c) Pascal und Sabine ▢

13. Womit will das Gespenst das Mädchen erschrecken?

a) mit einer Knochenhand ▢
b) mit Wolfsgeheul ▢
c) mit einer ekeligen Gummispinne ▢

Wenn du dir die Namen aus einer Geschichte schwer merken kannst, dann schreibe sie auf! Dadurch merkst du sie dir besser!

14. Womit will das Gespenst die Mutter erschrecken?

a) mit Kettenrasseln ☐
b) mit einer ekeligen Gummispinne ☐
c) mit einer schrecklichen Fratze ☐

15. Was will Uri machen, nachdem er als Schreckgespenst erfolglos war?

a) sich für immer verstecken ☐
b) nie mehr spuken ☐
c) die Burg verlassen ☐

16. Immer vier Wörter beschreiben das Gleiche.
Finde sie und male sie in der gleichen Farbe an.

alt	groß	widerlich
traurig	klapprig	lang
scheußlich	betrübt	steinalt
ekelig	greis	unglücklich
bekümmert	riesig	grässlich
gigantisch	kramen	erklären
klarmachen	stöbern	besprechen
suchen	darlegen	wühlen

Übung 4

Arbeite aktiv mit! Frag sofort nach, wenn du etwas nicht verstanden hast!

Wörter, die du nicht verstehst, kannst du dir nicht vorstellen. Was du dir nicht vorstellen kannst, das kannst du dir nicht merken. Deshalb musst du dir ein neues Wort erklären lassen oder seine Bedeutung im Wörterbuch nachschlagen.

Lies folgenden Text aufmerksam durch und stelle ihn dir wie einen Film vor. Unterstreiche alle Wörter, die du nicht kennst.

Bitte deinen Lehrer oder deine Lehrerin um eine Erklärung.

Michael auf Schloss Spukenstein

Michael und sein Vater unternahmen eine weite Fahrt mit dem Auto. Sie waren früh am Morgen losgefahren, weil sie ihr Ziel noch am selben Tag erreichen wollten. Aber am späten Nachmittag verdüsterte sich plötzlich der Himmel. Ein Gewitter kündigte sich an. Michaels Vater sah sorgenvoll aus dem Autofenster. „Das sieht nicht gut aus“, meinte er. „Wir sollten uns besser einen Ort zum Übernachten suchen.“

Michael entdeckte einen Wegweiser, der in einen kleinen verschlungenen Weg zeigte. „Schloss Spukenstein – Betten frei“, las er laut vor. Michaels Vater bremste und bog in den holprigen Weg ein. Dieser führte steil bergauf. Nach ziemlich langer Zeit tauchte endlich ein altes, düsteres Schloss vor ihnen auf. Es ragte auf einem großen Felsen in den Himmel. In der Dämmerung wirkte es ziemlich groß und ziemlich gespenstisch. „Cool“, freute sich Michael. „Das Schloss sieht echt gruselig aus. Bestimmt wird es in meinem Zimmer spuken, schließlich heißt es doch Spukenstein.“ „Unsinn“, meinte sein Vater gereizt. „Gespenster gibt es nicht!“ Michael war sich da nicht so sicher, und schon gar nicht beim Anblick dieses alten Gemäuers. Aber er schwieg.

Michaels Vater mietete zwei Zimmer und reichte seinem Sohn einen Zimmerschlüssel. „Lass uns erst unseren Koffer auspacken, danach treffen wir uns, um eine Kleinigkeit zu essen“, bestimmte er und ging davon. Michael überlegte, was er nun tun sollte. Den blöden Koffer wollte er auf gar keinen Fall auspacken. Das war doch viel zu langweilig.

„Nicht mal ein Himmelbett“, stellte Michael enttäuscht fest, ließ sich aber gleich in die weichen Kissen fallen. Er war auf einmal todmüde. Er musste wohl kurz eingeschlafen sein, als er plötzlich von einem unheimlichen Geräusch geweckt wurde. „Uuuuaaaahhh“, machte es und ein gespenstisches Wesen schwebte auf einmal über ihm. Michael riss erschrocken die Augen auf und starrte auf das Gespenst. „Ein G-G-Geist“, stotterte er. Das Schloss war auf einmal gar nicht mehr cool. Michael zog sich mit schlotternden Knien und starr vor Angst die Bettdecke über den Kopf. Als er endlich den Mut hatte, wieder hervorzuschauen, war die Erscheinung verschwunden. Was war das gewesen? Ob das Gespenst noch einmal wiederkommen würde? …

1. Überlege, wie die Geschichte weitergehen könnte.
2. Trage die neuen Wörter und ihre Bedeutungen in die Liste ein.

Pass im Unterricht gut auf! Was du in der Schule schon lernst, das brauchst du zu Hause nicht mehr lernen!

Neues Wort:	Bedeutung:

Übung 5

Wenn jemand einen Text vorliest, dann wird der Text erst durch die richtige Betonung spannend. Dies erreichst du, indem du die Satzzeichen beim Lesen berücksichtigst.

Das Komma

,
Pause

Kommas zeigen dir an, wann du beim Lesen eine **kurze Pause** einlegen sollst. Sie verschaffen dir auch Zeit, um einzuatmen.

Lies die folgenden Sätze und achte auf die Pause beim Komma.

- Bei manchen Leuten könnte man glatt einschlafen, wenn sie etwas vorlesen.
- Das Singen, Tanzen und Musizieren machte ihm großen Spaß.
- Er wusste genau, dass er in diesem Versteck nicht sicher war.

Der Punkt

Stimme nach unten

Steht am Ende eines Satzes ein Punkt, dann gehst du mit der **Stimme nach unten** und legst eine **kurze Pause** beim Lesen ein.

Probiere es gleich aus.

- Alle starren neugierig auf das Fußballtor.
- Viele Patienten sitzen im Wartezimmer.
- Die Katze klettert auf den Baum.

Das Fragezeichen

?

Stimme nach oben

Steht am Ende eines Satzes ein Fragezeichen, dann gehst du mit der **Stimme nach oben** und legst eine **kurze Pause** beim Lesen ein.

Lies nun die folgenden Sätze richtig.

- Hilfst du mir?
- Wie heißt du?
- Hast du das gesehen?

Das Ausrufezeichen

!

Befehlston

Steht am Ende eines Satzes ein Ausrufezeichen, dann liest du im **Befehlston** und legst ebenfalls eine **kurze Pause** beim Lesen ein.

- Reich mir doch bitte das Salz!
- Hör sofort auf!
- Mach endlich deine Hausaufgaben!

Der Doppelpunkt

:

Pause

Den Doppelpunkt findest du vor allem bei der direkten Rede. Hier machst du ebenfalls beim Lesen eine **Pause**, so wie beim Punkt.

- Er sagte: „Das ist mir doch egal!“
- Sie band das Pferd los und rief: „Lauf schnell los!“
- Sie war außer sich und schrie wütend:
  „Ich will dich nie wieder sehen!“

Achte nun auf alle Satzzeichen und lies den folgenden Text mit der richtigen Betonung.

Vergiss nicht, dir den Text mit allen Sinnen vorzustellen!

Zähne putzen

Also, es gibt da eine Frage, die nervt total: „Hast du dir schon die Zähne geputzt?“ Jeden Tag fragt mich das meine Mutter, so als wäre dies die wichtigste Angelegenheit in meinem Leben. Und wenn ich dann aus dem Bad komme, fragt sie mich wieder: „Hast du dir deine Zähne auch ordentlich geputzt? Lass mal sehen!“ Und dann muss ich meinen Mund ganz weit aufmachen, damit meine Mama meine Zähne begutachten kann. Das ist noch nerviger. Aber das Nervigste überhaupt ist, dass ich meine Zähne jedes Mal, wenn ich beim Zähneputzen nicht ordentlich war, noch mal putzen muss. Gut, dass ich wenigstens eine Zahnpasta mit Erdbeergeschmack habe.

Übung 6

Auch wenn du laut liest, vergiss nicht, dir Bilder in deinem Kopf vorzustellen!

Willst du einen Text so richtig spannend vorlesen, dann solltest du nicht nur auf die Satzzeichen achten, sondern auch die Tonlage beim Lesen wechseln.

Probiere das gleich einmal aus und lies die folgenden Sätze in der jeweiligen Tonlage.

Lies mit höflicher Stimme.
Er antwortete **höflich**: „Aber das mache ich doch gerne!“

Lies mit mürrischer Stimme.
Er antwortete **mürrisch**: „Das kannst du selber machen!“

Lies mit lachender Stimme.
Er **lachte**: „Ha, ha, da hat dir aber jemand einen tollen Streich gespielt!“

Lies mit jammernder Stimme.
Melanie **jammerte**: „Mir tut der Hals so weh!“

Lies mit unfreundlicher Stimme.
Der alte Mann erwiderte **unfreundlich**: „Macht, dass ihr fortkommt!“

Lies laut! So merkst du dir deinen Lernstoff besser!

Lies mit flüsternder Stimme.
Tom **flüsterte**: „Ich habe Angst!“

Lies mit lauter Stimme.
Tina **rief laut** den Namen des Kätzchens: „Lilly, Lilly! Wo steckst du?“

Lies mit piepsiger Stimme.
Sie sagte mit **piepsiger** Stimme: „Entschuldigung, ich habe den Bus verpasst!“

Lies mit strenger Stimme.
Opa sagte **streng**: „Mach das nie wieder!“

Übung 1

Was riecht hier so verbrannt?

„Wir kochen dir heute ein feines Mittagessen“, sagt Kevin zu Mama. „Du kannst dich in der Zwischenzeit ausruhen.“ Das lässt Mama sich nicht zweimal sagen. Sie lässt gleich alles stehen und liegen und verschwindet aus der Küche. „Was werdet ihr mir denn servieren?“, will sie noch wissen, aber das soll ein Geheimnis bleiben.

Kevin und Papa machen sich an die Arbeit. Naturschnitzel mit Reis soll es geben und dazu grünen Salat. „Den Salat können wir ruhig weglassen“, meint Kevin, als Papa den grünen Salatkopf aus dem Kühlschrank nimmt. Aber Papa besteht auf den Salat und Kevin muss ihn waschen und schneiden.

Papa brät das Fleisch an, zu lange, wie sich schnell herausstellt, denn bald raucht und qualmt es in der ganzen Küche. „Ojemine“, denkt Kevin, „ob man da noch etwas essen kann?“ „Was riecht hier so verbrannt?“, fragt Mama und steckt den Kopf zur Tür herein. „Raus hier!“, schimpft Papa aufgebracht, „Du störst die Meisterköche bei der Arbeit!“ Da macht sich Mama ganz schnell wieder aus dem Staub.

Kannst du dir vorstellen, wie es in der Küche riecht und wonach das Essen schmeckt?

Bald steht das Essen auf dem Tisch. Das Fleisch schmeckt verbrannt, dem Reis fehlt die Würze und der Salat schmeckt nach gar nichts. Aber Mama nimmt am schön gedeckten Tisch Platz und genießt das Mittagessen, als hätte sie noch nie in ihrem Leben besser gegessen.

1. Kreuze die richtige Antwort an:

1.1 Wer kocht?

a) Mama und Kerstin ☐

b) Papa und Kevin ☐

c) Oma und Kevin ☐

1.2 Was kochen Papa und Kevin?

a) Wiener Schnitzel ☐
b) Naturschnitzel ☐
c) Pariser Schnitzel ☐

1.3 Für wen kochen sie?

a) für Oma ☐
b) für Opa ☐
c) für Mama ☐

1.4 Was riecht verbrannt?

a) der Reis ☐
b) der Salat ☐
c) das Fleisch ☐

1.5 Wie schmeckt der Reis?

a) Ihm fehlt die Würze. ☐
b) Ihm fehlt das Salz. ☐
c) Ihm fehlt der Pfeffer. ☐

Wenn du vor dem Schlafen Lernstoff noch einmal wiederholst, dann merkst du ihn dir besser.

2. Die Schulmaus hat die Sätze durcheinandergebracht. Kannst du sie richtig lesen?

a) Kevin machen sich und Papa an die Arbeit.
b) Es mit Reis und Salat soll Naturschnitzel geben.
c) Das Fleisch verbrannt. ist
d) Dem die Würze. Reis fehlt
e) Mama am schön gedeckten Tisch nimmt Platz.

3. Was ist denn jetzt los? Kannst du den Text noch lesen?

KEVINUNDPAPAMACHENSICHANDIEARBEIT.
ESSOLLNATURSCHNITZELMITREISUNDSALATGEBEN.
DASFLEISCHISTVERBRANNT.DEMREISFEHLTDIEWÜRZE.
MAMANIMMTAMSCHÖNGEDECKTENTISCHPLATZ.

4. Wer sagt denn die folgenden Sätze: Kevin, Mama oder Papa?
Schreibe die Namen auf die Zeilen.

a) „Wir kochen dir heute ein feines Mittagessen."

____

b) „Du kannst dich in der Zwischenzeit ausruhen."

____

c) „Was werdet ihr mir denn servieren?"

____

d) „Den Salat können wir ruhig weglassen."

____

e) „Was riecht hier so verbrannt?"

____

f) „Raus hier, du störst die Meisterköche bei der Arbeit!"

____

5. In diesem Text fehlt der Buchstabe „a".
Kannst du diesen Text noch lesen?

W_s riecht hier so verbr_nnt?
„Wir kochen dir heute ein feines Mitt_gessen", s_gt Kevin zu M_m_. „Du k_nnst dich in der Zwischenzeit _usruhen." D_s lässt M_m_ sich nicht zweim_l s_gen. Sie lässt gleich _lles stehen und liegen und verschwindet _us der Küche. „W_s werdet ihr mir denn servieren?", will sie noch wissen, _ber d_s soll ein Geheimnis bleiben.

6. In der rechten Spalte haben sich bei 18 Wörtern Fehler eingeschlichen. Vergleiche die beiden Texte und finde die Fehler.

„Wir kochen dir heute ein feines Mittagessen“, sagt Kevin zu Mama. „Du kannst dich in der Zwischenzeit ausruhen.“ Das lässt Mama sich nicht zweimal sagen und verschwindet gleich aus der Küche. „Was werdet ihr mir denn servieren?“, will sie noch wissen, aber das soll ein Geheimnis bleiben. Kevin und Papa machen sich an die Arbeit. Naturschnitzel mit Reis soll es geben und dazu grünen Salat. „Den Salat können wir ruhig weglassen“, meint Kevin, als Papa den grünen Salatkopf aus dem Kühlschrank nimmt. Aber Papa besteht auf den Salat und Kevin muss ihn waschen und schneiden. Papa brät das Fleisch an, zu lange, wie sich schnell herausstellt, denn bald raucht und qualmt es in der ganzen Küche. „Ojemine“, denkt Kevin, „ob man da noch etwas essen kann?“ „Was riecht hier so verbrannt?“, fragt Mama und steckt den Kopf zur Tür herein. „Raus hier!“, schimpft Papa aufgebracht und Mama verschwindet gleich wieder. Bald steht das Essen auf dem Tisch. Das Fleisch schmeckt verbrannt, dem Reis fehlt die Würze und der Salat schmeckt nach gar nichts. Aber Mama nimmt am schön gedeckten Tisch Platz und genießt das Mittagessen.

„Wir kochen dir heute ein heißes Mittagessen“, sagt Papa zu Mama. „Du kannst dich in der Zwischenzeit ausruhen.“ Das lässt Mama sich nicht dreimal sagen und verschwindet gleich aus der Küche. „Was werdet ihr mir dann servieren?“, will sie noch wissen, aber das soll ein Geheimnis bleiben. Kevin und Papa machen sich an die Arbeit. Gepfefferte Naturschnitzel mit Reis soll es geben und dazu grünen Kohl. „Den Salat können wir ruhig weglassen“, meint Kevin, als Papa den grünen Salatkopf aus der Kühlvitrine nimmt. Aber Opa besteht auf den Salat und Kevin muss ihn waschen und putzen. Papa brät das Fleisch an, zu lange, wie sich schnell herausstellt, denn bald raucht und qualmt es in der großen Küche. „Ojemine“, denkt Kevin, „ob man da noch etwas essen kann?“ „Was riecht hier so gut?“, fragt Mama und hält den Kopf zur Tür herein. „Raus hier!“, schimpft Papa wütend und Mama verschwindet gleich wieder. Bald steht das Essen auf dem Tisch. Das Fleisch schmeckt köstlich, dem Reis fehlt die Marinade und der Salat schmeckt nach gar nichts. Aber Oma nimmt am schön gedeckten Tisch Platz und isst das Mittagessen.

Übung 2

Gesunde Zähne

1. Lies den folgenden Text und setze die fehlenden Wörter richtig ein.

Gemüse	gesund	putzen	Süßigkeiten
heiß	Tee	Zahnpasta	Mund

Um die Zähne ________________ zu erhalten, solltest du sie zweimal täglich ________________. Zum Zähneputzen brauchst du eine Zahnbürste, ________________ und einen Becher. In den Becher füllst du Wasser und spülst damit nach dem Putzen den ________________ aus. Neben dem täglichen Zähneputzen musst du dich auch gesund ernähren. Iss viel Obst, ________________ und Vollkornprodukte, aber nur wenig ________________. Ganz wichtig ist auch, dass du ausreichend trinkst, besonders wenn es draußen ________________ ist. 1–2 Liter Flüssigkeit pro Tag sind ideal. Trinke am besten Wasser, ________________ oder verdünnte Fruchtsäfte.

Ernähre dich gesund und trinke viel Wasser, dann kannst du dich besser konzentrieren!

2. Kannst du lange Wörter lesen?

Zahn
Zahnarzt
Zahnarzthelferin
Zahnputzbecher
Zahnfleischentzündung
Zahngesundheitserziehung

gesund
Gesundheit
Gesundheitsamt
gesundheitsschädigend
Gesundheitsvorsorge

3. Schau genau. In jeder Zeile ist ein Wort anders.
   Kreise es ein.

Zahn Zahn Zahn Zahn Zahn Zuhn Zahn Zahn Zahn Zahn
putzen putzen putzen putzen putzen putzen petzen putzen
Gemüse Gemüse Gemüse Genüse Gemüse Gemüse Gemüse
täglich täglich täglich täglich täglich täglich taglich täglich

4. Schau genau. In jeder Zeile ist nur ein Wort richtig.
   Kreise es ein.

Zähnepotzen Zähnepatzen Zähneputzen Zähnepitzen
Mand Mind Mend Mend Mind Mund Mand Mend
Wosser Wisser Wesser Wusser Wasser Wisser Wosser
trenken trönken tronken trenken trinken trönken tronken

5. Du möchtest wissen, was du tun musst, um deine Zähne gesund zu erhalten? Überlege einmal, welche Wörter in einem Text vorkommen könnten, die mit deiner Frage zu tun haben. Drei Wörter passen nicht. Streiche sie durch.

bunt	gesund	Obst
Zahnpasta	Zähneputzen	Ernährung
Wiese	Vollkornprodukte	Süßigkeiten
Zahnarzt	Salat	Tasse
Mundwasser	Zahnbürste	Zahnseide
Gemüse	Zahnpflege	Karies

Übung 3

1. Was passt denn hier? Jeweils zwei Kästchen gehören zusammen. Male sie in der gleichen Farbe an.

Opa liest	Mark spielt	Verena steht	Thomas klettert
Oma strickt	Susi trinkt	Die Katze schläft	Der Hund
unter der Dusche	eine Zeitung	mit dem Ball	auf den Baum
bellt laut	einen Pullover	ein Glas Saft	auf dem Sofa

2. Auch hier gehören jeweils zwei Kästchen zusammen. Male sie in der gleichen Farbe an.

Melanie malt	David spielt	Theresa macht	Klaus spitzt
Oma backt	Mama trinkt	Michael sitzt	Claudia schreibt
Fußball	ein Bild	Haus-aufgaben	seinen Bleistift
einen Kuchen	eine Tasse Kaffee	vor dem Fernseher	einen Brief

3. Nur ein Wort in jeder Zeile hat einen Sinn. Finde es und male es an.

bemerkan	bamerken	bemerken	bimerkun
erhilten	erhulten	erhelten	erhalten
antwarten	antwurten	antworten	antwierten
unterstruchen	unterstrachen	unterstriggen	unterstreichen

Je mehr und je öfter du liest, desto besser wirst du im Lesen und desto mehr Spaß macht es!

Übung 4

Setze die fehlenden Reimwörter richtig ein.

Maus Rose Haus Hose Berg Zwerg Topf Knopf Tuch Kanne
Baum Kuh Nase Klee Buch Wanne Schuh Hase Traum Schnee

a) Hans trägt eine schöne ________________
und bringt der Mutter eine ________________.

b) Lisa hat eine weiße ________________,
die schläft in einem kleinen ________________.

c) Auf einem hohen ________________,
da wohnt ein schlauer ________________.

d) Mama hat einen grünen ________________.
An ihrer Bluse fehlt ein ________________.

e) Der Vater liest ein ________________.
Steffi versteckt sich unter einem ________________.

f) Der Tee kocht in der ________________.
Ein Fisch schwimmt in der ________________.

g) Im Garten wächst ein großer ________________.
Lisa hat einen schönen ________________.

h) Auf der Wiese grast eine ________________.
Daneben liegt ein brauner ________________.

i) Tobias juckt die ________________.
Im Stall, da sitzt ein ________________.

j) Im Winter fällt der ________________.
Auf der Wiese wächst der ________________.

Übung 5

1. Was ist gemeint? Male das richtige Bild an.

- Damit transportiert man Menschen.
- Es können ziemlich viele Fahrgäste mitfahren.
- Damit fährt man auf der Straße.
- Das Fahrzeug wird nur von einer Person gelenkt.

a) der Bus

b) das Schiff

c) der Lastwagen

2. Welches Obst ist gemeint? Male das richtige Bild an.

- Es ist sehr gesund und schmeckt süß.
- Es ist rund und wächst auf Bäumen.
- Es kann gelb, grün oder rot sein.

a) der Apfel

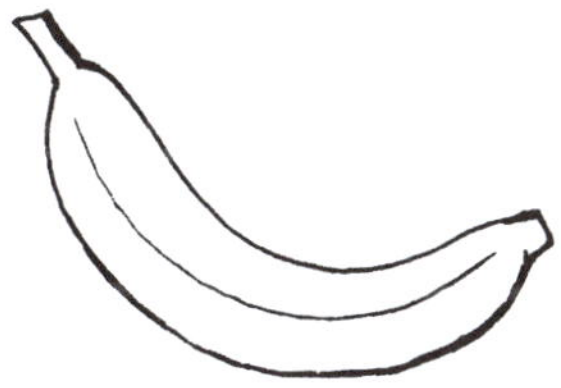
b) die Banane

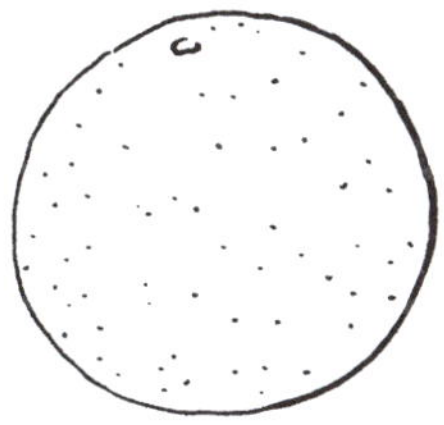
c) die Orange

Übung 6

1. Welches Tier ist gemeint? Male das richtige Bild an.

- Es ist sehr klug, obwohl immer das Gegenteil behauptet wird.
- Es hat keine Stoßzähne.
- Man kann nicht darauf reiten.

a) das Pferd

b) das Schwein

c) der Elefant

2. Welches Tier ist nun gemeint? Male das richtige Bild an.

- Es ist ein Fleischfresser und greift seine Beute mit scharfen Krallen.
- Es baut kein Nest, sondern brütet dort, wo es ihm gefällt.
- Es ist nachts unterwegs. Wenn es dunkel wird, wacht es auf und beginnt zu jagen. Es kann ausgezeichnet hören und sehen.

a) der Pinguin

b) die Eule

c) der Vogel

Übung 7

Suche dir deinen Lesestoff selber aus und lies Bücher, die dich interessieren!

1. Sieh dir das Bild an und entscheide, ob die Sätze richtig ☑ oder falsch ☒ sind.

a) Der Clown trägt eine Krawatte. ☐
b) Der Clown hält eine Trompete in der Hand. ☐
c) Der Clown trägt eine blaue Hose. ☐
d) Der Clown trägt grüne Schuhe. ☐
e) Der Clown trägt rote Handschuhe. ☐
f) Der Clown hat rote Haare. ☐

2. Richtig ☑ oder falsch ☒ ?

a) Ein Clown ist ein Spaßmacher. ☐
b) Ein Clown ist immer traurig. ☐
c) In jedem Zirkus gibt es Clowns. ☐
d) Clowns sind immer bunt angezogen. ☐
e) Manchmal gibt es auch Clowns in Krankenhäusern. ☐
f) Ein Clown ist immer schwarz angezogen. ☐

Übung 8

Frag nach, wenn du ein Wort nicht verstehst, und lass es dir erklären!

1. Ergänze die Sätze sinnvoll.

a)	Die Sekretärin	schreibt Briefe. kocht Mittagessen. räumt auf.
b)	Der Buchhalter macht	die Buchhaltung. den Abwasch. Kuchen.
c)	Die Buchhändlerin verkauft	Stoffe. Bücher. Geschirr.
d)	Der Bäcker backt	Kuchen. Knetfiguren. Spiegeleier.
e)	Der Arzt behandelt	Katzen. Patienten. Vögel.
f)	Der Landwirt mäht	die Wiesen. die Wälder. das Obst.
g)	Der Drucker erzeugt	Bücher. Milch. Käse.
h)	Der Fliesenleger verlegt	Dachziegel. Holzfußböden. Fliesen.
i)	Der Gärtner bindet	Heu. Blumen und Kränze. Schuhbänder.
j)	Die Mechanikerin repariert	Fahrzeuge. Küchengeräte. Computer.
k)	Die Autorin schreibt	Briefe. Bücher. Einkaufslisten.

l)	Der Friseur schneidet	Haare. Blumen. Papier.
m)	Der Baumeister baut	Autos. Möbel. Häuser.

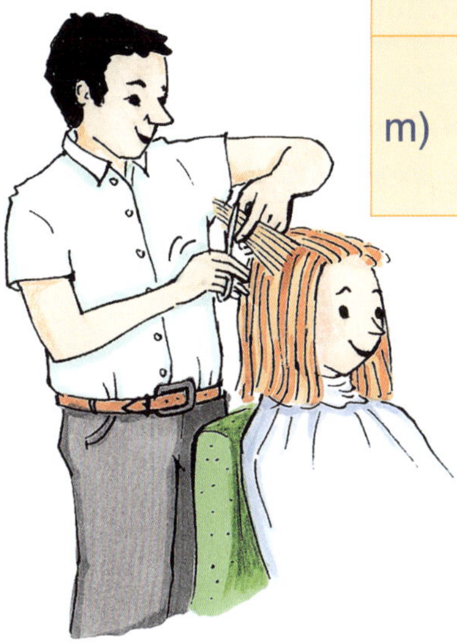

Schreibe die neuen Wörter in deine Wörterliste hinten im Buch!

2. Wie heißt das Gegenteil von:

alt	________	offen	________
gebraucht	________	gesund	________
schnell	________	reich	________
stark	________	dumm	________
geschickt	________	dick	________
faul	________	heiß	________
schlecht	________	eng	________
dunkel	________	glatt	________
hart	________	hell	________
hässlich	________	oben	________
drinnen	________	spitz	________
langweilig	________	billig	________
weiß	________	groß	________

Übung 9

1. Setze die fehlenden Reimwörter richtig ein.

aus	her	Haus	anzusehen	meine	dir
lassen	sehr	toll	nutzen	Katzendame	

Achte auf die Betonung beim Vorlesen eines Gedichts!

Die Katze Fanny

Fanny ist mein Name.
Ich bin eine ______________________.
Den ganzen Tag schlaf ich mich ______________,
nur nachts schleich ich mich aus dem ______________.
Miau, Miau
Mein Frauchen mag mich wirklich sehr
und gibt mich sicher nicht mehr ______________.
Dem Goldfisch kann ich nicht widerstehen,
es genügt mir nicht, ihn nur ______________________.
Miau, Miau
Hab ich den Goldfisch im Visier*,
sagt Frauchen immer: „Raus mit ______________!"
Ich krieg den Goldfisch nicht zu fassen
und muss ihn wohl in Ruhe ______________.
Miau, Miau

* *jemanden im Visier haben = jemanden genau beobachten*

Streich ich dem Frauchen um die Beine,
weiß sie schon genau, was ich ______________.
Dann ist mein Futternapf nämlich leer
und der Hunger quält mich schon so ______________.
Miau, Miau
Bin ich satt, so muss ich mich putzen
und die Zeit für die Katzenwäsche ______________.
Mein Frauchen streichelt mich liebevoll
und ich schnurre dann ganz ______________.
Miau, Miau

2. Hier sind Wörter im Text, bei denen die Buchstaben durcheinandergepurzelt sind. Kannst du den Text trotzdem lesen? Bring die Buchstaben in die richtige Reihenfolge.

Wenn du dich entschließt, eine Kztae ______________ in deinen Haushalt aufzunehmen, musst du auch bereit sein, die Verantwortung für das Teir ______________ zu übernehmen und es artgerecht zu halten. Katzen werden zu den Raubtieren gerechnet. Das musst du berücksichtigen, wenn du die Katze verstehen willst. Katzen jagen gerne und streunen auch nachts umher, weil sie in der Dnukleieht ______________ gut sehen können. Ihre Lebenserwartung liegt zwischen 10 und 16 Jahren, manche Katzen werden aber auch bedeutend ätelr ______________. Mit der Anschaffung einer Katze bekommst du nicht nur einen verspielten und aufmerksamen Hausgenossen, mit dem du viel Fduere ______________ haben wirst. Recht häufig sind sie auch ziemlich eigenwillig und machen nur, was sie wollen.

Übung 10

1. Sieh dir das Bild an und entscheide, ob die Sätze richtig ☑ oder falsch ☒ sind.

a) Auf dem Bild befinden sich Schulsachen. ☐
b) Die Schere ist orange. ☐
c) Das Federmäppchen ist grün. ☐
d) Links hinten auf dem Bild befindet sich ein Tennisschläger. ☐
e) Auf dem Bild ist auch eine Tube Klebstoff zu sehen. ☐
f) Rechts unten im Bild sieht man einen Radiergummi. ☐
g) In der Mitte liegt ein Leuchtstift. ☐

2. Ziehe Verbindungslinien zwischen den Satzteilen, die zusammengehören.

In den Füller	in ihr Heft.
Die Schultasche	das Bild aus der Zeitung aus.
Petra schreibt die Hausaufgaben	kopfrechnen.
Thomas schneidet mit der Schere	gehört eine Tintenpatrone.
Klaus kann sehr gut	trägt man auf dem Rücken.

Übung 11

1. Was ist denn hier los?
   Das sind ja lauter verrückte Sätze:

Der Vater gibt dem kleinen Philipp ein Glas Wein.
Das Baby bekommt einen großen Hundeknochen.
Fritz springt mit der Badehose in den Schnee.
Die Katze Mauz spielt mit dem Computer.
Mutter kocht auf dem Fußballplatz.
Die Delfine schwimmen im Waschbecken.
Herr Müller wäscht die Wäsche im Fernseher.
Katharina sieht sich einen Film in der Waschmaschine an.
Die Katze bellt laut.
Der Hund bekommt das Fläschchen.

2. Lies die Sätze fertig und finde einen passenden Schluss.

Der Vater gibt dem kleinen Philipp …
Das Baby bekommt …
Fritz springt mit der Badehose …
Die Katze Mauz spielt mit …
Mutter kocht …
Die Delfine schwimmen im …
Herr Müller wäscht die Wäsche …
Katharina sieht sich einen Film …
Die Katze …
Der Hund bekommt …

3. Lies die Sätze fertig und finde einen lustigen Schluss.

Das Schiff fährt …
Die Katze klettert …
Bodo, der Hund, liegt …
Der Löwe spaziert …

Übung 12

Wo sind die Mäuse?

Male das richtige Wort bunt an und streiche das falsche durch.

Durch das Lesen lernst du viele Dinge ganz nebenbei, wie zum Beispiel die Rechtschreibung.

a) Eine Maus sitzt auf | im Stiefel.

b) Das Mäusebild hängt an | auf der Wand.

c) Eine Maus sitzt unter | neben der Kappe.

d) Eine Maus sitzt neben | in der Schultasche.

e) Eine Maus sitzt auf | hinter dem Sack.

f) Eine Maus sitzt vor | auf dem Käse.

g) Eine Maus sitzt auf | vor dem Ball.

Übung 13

Walt Disney's
GOOFY
Grummel!
?
Bist du sauer, Goofy?
Ja, bin ich!
Ich war im Autokino, und der Film war …
… so mies, dass ich's nicht mehr ausgehalten hab' und gegangen bin!
Du bist gegangen?! Und was ist mit deinem Auto?
Ach du mein Schreck!
The End

1. Wie heißt die wichtigste Figur (Hauptfigur) in der Geschichte und um welches Tier handelt es sich?

____

2. Was passiert in der Geschichte? Richtig ☑ oder falsch ☒ ?

a) Goofy war im Theater. ☐
b) Goofy war im Kino. ☐
c) Goofy war im Autokino. ☐
d) Goofy trifft seine Freunde. ☐
e) Goofy erzählt begeistert von dem Film, den er gesehen hat. ☐
f) Goofy hat der Film nicht gefallen. ☐
g) Goofy ist bis zum Ende geblieben. ☐
h) Goofy ist mit dem Auto weggefahren. ☐
i) Goofy ist gegangen. ☐
j) Goofy hat sein Auto vergessen. ☐
k) Goofy hat sein Auto einfach stehen lassen. ☐

3. In der folgenden Wörterschlange kommt das Wort „Zeichentrickfigur“ mehrmals vor. Finde und unterstreiche es.

LesenSpaßZeichentrickfigurlachenGoofyZeichnung
BuchseiteHeftlustigUnterhaltungspannendAbwechslung
ZeichentrickfigurlernenwichtigspaßigZeichentrickfigur
FreudeBuchSchuleLehrerAufgabeHausaufgabeKinder
MitschülerTafelKreideLehrerinElternSchultasche
BleistiftSchreibtischrechnensingenZeichentrickfigur
musizierenschreibenUnterrichtbastelnlesentanzensingen
turnenrechnenspielenlernenZeichentrickfigurmalenBuch
HefteSchultascheFedermäppchenFüllfederTextverständnis

4. Hier sind die Bilder durcheinandergeraten. Bringe sie ohne nachzusehen in die richtige Reihenfolge.

5. Die folgenden Wörter helfen dir, Sätze miteinander zu verbinden. Setze sie richtig ein.

als	außerdem	in diesem Moment	sofort	deswegen
auf einmal	deshalb	plötzlich	augenblicklich	später

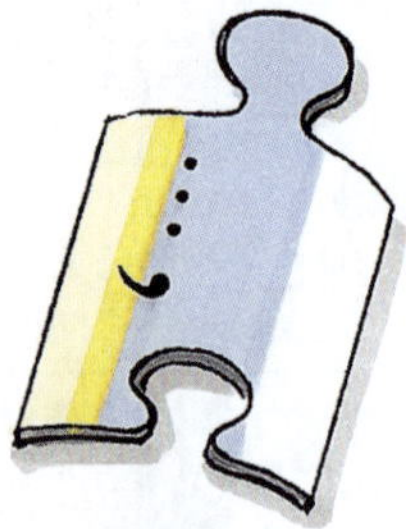

Es war gerade einmal 4.00 Uhr morgens, ______________ ich aufschreckte und kerzengerade in meinem Bett saß. Was war das gewesen? Hatte da nicht gerade jemand an die Fensterscheibe geklopft? ______________ zog ich mir die Bettdecke über den Kopf. ______________ hielt ich mir auch noch die Ohren zu. Aber das hielt ich nicht lange aus. Mir wurde heiß, ______________ schaute ich dann doch wieder vorsichtig unter meiner Bettdecke hervor. ______________________________ hörte ich wieder ein Klopfen an meinem Fenster. Diesmal war es ganz deutlich zu hören. Ich hatte schreckliche Angst, ______________ zog ich gleich wieder die Decke über den Kopf. So ging es nicht weiter. ______________ sprang der Fensterflügel auf. Der Wind hatte ihn wohl aufgestoßen. ______________ flog etwas in mein Zimmer. Jetzt war es genug. ______________ sprang ich aus dem Bett und rannte zu meiner Mutter. ______________ stellte sich heraus, dass ein Rabe in mein Zimmer geflogen war.

„als" verlangt nach einem Komma!

6. Hattest du auch schon einmal ein Erlebnis, bei dem du dich gefürchtet hast oder das besonders spannend war? Erzähle davon.

Übung 1

Ein lustiger Clown

1. Lies die Anweisung genau durch und zeichne den Clown fertig.

Der Clown trägt einen dunkelblauen Hut. Auf dem Hut sind Herzen drauf. Seine Nase ist rot. Um den Hals trägt er eine gelbe Fliege. Die Knöpfe sollen eine rosa Farbe bekommen. Male sein Gewand links blau und rechts grün an. Die Schuhe des Clowns sind schwarz. In der linken Hand hält er einen hellblauen Luftballon. In der rechten Hand hält er einen dunkelblauen Luftballon.

2. Lies die Anweisungen und zeichne das Bild fertig.

Der Korb hat eine dunkelbraune Farbe. Der Mais soll gelb werden und seine Blätter grün. Im Korb befinden sich nicht nur eine, sondern zwei grüne Gurken. Male einen Paprika grün und einen gelb an. Male auch die Karotte in der richtigen Farbe an. Die Kartoffeln sind hellbraun, genau wie die Zwiebel. Zum Schluss gib dem Salat noch eine grüne Farbe.

Übung 2

Durch diese Übungen förderst du besonders dein bildhaftes Vorstellungsvermögen.

Wie stehen die Kleinbusse?

Lies die Anweisungen ganz durch. Versuche die Kleinbusse wirklich in deinem Kopf zu sehen. Male sie dann in der richtigen Farbe an.

1. Auf dem Parkplatz stehen vier Kleinbusse. Jeder Kleinbus hat eine andere Farbe. Der Kleinbus links außen ist gelb. Der Kleinbus rechts außen ist dunkelblau. Neben dem gelben Bus steht ein roter und nach diesem steht ein grüner Bus.

2. Nach einer Weile fährt der grüne Bus weg und es parkt ein hellblauer Kleinbus ein. Wie stehen die Busse jetzt?

Übung 1

Bibi Blocksberg – Ärger mit Malicia

Bis auf diesen Zwischenfall, der zum Glück glimpflich ausgegangen war, hatten die beiden einen unbeschwerten, angenehmen Flug.

Schon bald erreichten sie die Felseninsel, wo aus allen Himmelsrichtungen Hexen eintrafen und ihre Zimmer in dem gehexten Kongresshotel bezogen. Wenig später versammelten sie sich nicht weit von dem Hotel entfernt in einer riesigen, geheimen Grotte zur Kongresseröffnung. Dorthin durfte Bibi ihre Mutter nicht begleiten.

Walpurgia, die Vorsitzende des Hexenrates, trat nach vorne und versuchte sich Gehör zu verschaffen. Das war nicht leicht bei diesem lauten Stimmengewirr. Obendrein hatten viele Hexen ihre Tiere mitgebracht:

Eulen und Katzen, Raben und Papageien, die ein Heidenspektakel veranstalteten.

Doch schließlich kehrte Ruhe ein.

Walpurgia stellte fest, dass ihre Hexenschwestern vollzählig versammelt waren und erklärte den Hexenkongress für eröffnet. Beifall ertönte und als er verklungen war, las sie die Tagesordnung vor. Dann sprach sie gleich den ersten Punkt an. Dabei erschien eine steile Falte auf ihrer Stirn.

„Dieses Thema ist leider nicht sehr angenehm“, erklärte sie mit ernster Stimme. In der Grotte wurde es laut.

„Meine Damen! Ruhe bitte! Es geht – zum wiederholten Mal – um das Problem ‚Malicia‘.“

Das unruhige Murmeln erstarb. Alle spitzten die Ohren.

„Malicia!“ Walpurgia blickte zu einer grell geschminkten, schwarzhaarigen Hexe, die ein langes, feuerrotes Kleid trug. „Bitte tritt in die Mitte des Kreises.“

„Ich?!“ Malicia warf der Oberhexe einen giftigen Blick zu. „Was ist denn nun schon wieder? Es reicht mir langsam!“

„Uns auch, Malicia!“, entgegnete Walpurgia mit schneidender Stimme.

„Auf unserem letzten Kongress haben wir dir Hexenkugel und Hexbuch abgenommen und ein Hexverbot erteilt.“

„Eine Frechheit war das!“, kam es keifend zurück. „Eine viel zu strenge Bestrafung für gar nichts!“

Die anderen Hexen protestierten lautstark. Eine „Frechheit“? Wie konnte Malicia so etwas sagen? Die Strafe war angemessen gewesen und einstimmig beschlossen worden.

„Das sehen wir anders“, fuhr Walpurgia fort. „Du hattest dir Geld gehext, also gegen den hexischen Ehrenkodex verstoßen.“

„Eine völlig veraltete Regel!“, höhnte Malicia. „Totaler Quatsch!“

Das Protestgemurmel in der Grotte schwoll an.

„Nun, auch das sehen wir anders.“

Walpurgia ließ sich nicht beirren.

„Wir hatten gehofft, wir könnten die Strafe heute aufheben. Doch leider zeigst du deutlich, dass du nichts dazugelernt hast.“

„Was soll das heißen?“, keifte Malicia. „Ihr habt nichts dazugelernt. Das ist euer Problem!“

„Schweig!“, herrschte Walpurgia sie an. „Dein Benehmen vor dem Hexenrat ist unakzeptabel. Und nicht nur das. Du hast dir trotz des Verbotes wiederholt Geld gehext und dir durch Hexsprüche fremdes Gut angeeignet. Du hast gestohlen!“

„Pfui!“ – „Pfui!“, hallte es voller Entrüstung durch die Grotte. „Schäm dich!“ – „Schande!“

Lies vorher die Inhaltsangabe auf dem Buchumschlag, bevor du ein Buch aussuchst!

„Um es kurz zu machen“, sagte Walpurgia, „dieses Vergehen können und werden wir nicht hinnehmen. Wir verlängern deine Strafe bis zum nächsten Kongress.“

„Pah!“, meinte Malicia schnippisch.

„Was kümmert mich das!“

Walpurgia hob drohend die Stimme: „Wenn du nochmals gegen das Hexverbot verstößt, werden wir dich aus der Hexengemeinschaft ausschließen. Das ist die härteste Strafe, die es gibt. Ein Flugverbot können wir auch heute nicht verhängen … leider, weil du alleine auf einer Leuchtturminsel wohnst. Und nun setz dich.“

„Ich werde mich nicht setzen“, entgegnete Malicia patzig. „Ich gehe! Euer Hexverbot ist mir völlig egal! Ich brauche weder die Hexenkugel, noch das Hexbuch. Und euch schon gar nicht. Ihr seid doch nur ein Haufen alter, schrumpeliger Hexen, die sich aufplustern.“

Laute Rufe der Empörung ertönten daraufhin, doch Malicia scherte sich nicht darum. Sie lachte gehässig und höhnte: „Ja, gackert nur, ihr Hennen! Ich kann mich gut um mich selbst kümmern. Und euren Kongress werde ich euch gründlich verderben. Wartet's nur ab!“ Sie holte tief Luft und sagte jede Silbe dramatisch betonend: „Eene meene scharfe Schere, eure Strafe zischt ins Leere! Hex-hex!“

Erschrocken zuckten die anderen Hexen zusammen, denn keine aus ihrer Runde hatte es jemals zuvor gewagt, sich so respektlos gegenüber dem Hexenrat zu verhalten.

„Malicia!“, rief Walpurgia mit donnernder Stimme. „Nimm diesen Schutzhexspruch sofort zurück!“

„Niemals!“, giftete Malicia. „Habe die Ehre, meine schrumpeligen Damen!“ Eilig schwang sie sich auf ihren Besen und rief: „Eene meene grünes Moos, Toxikata fliege los! Hex-hex!“

Und weg war sie!

Theo Schwartz

Kreuze die richtige Antwort an.

1. Wo findet der Kongress statt?

a) in einer Höhle ▢
b) auf einer Waldlichtung ▢
c) in einer Grotte ▢

2. Wen oder was haben viele Hexen dabei?

a) ihr persönliches Hexbuch ▢
b) ihre Kinder und nahen Verwandten ▢
c) ihre Haustiere ▢

3. Wie heißt die Hexe, die von Walpurgia aufgerufen wird?

a) Marlene ▢
b) Malicia ▢
c) Marlies ▢

4. Warum ist der Hexenrat verärgert?

a) Eine Hexe hat schon zweimal eine Sitzung verpasst. ▢
b) Eine Hexe hat gegen den Hexenkodex verstoßen. ▢
c) Einige Hexen tragen keinen Hexenhut. ▢

5. Wie heißt der Besen von Malicia?

a) Toxikata ▢
b) Texokete ▢
c) Taxokiti ▢

6. Darf Bibi an der Kongresseröffnung teilnehmen?

a) ja ▢
b) nein ▢
c) Sie will gar nicht daran teilnehmen. ▢

Übung 2

Im Schwimmbad

Katja und Melanie fahren heute mit ihren Eltern ins Schwimmbad, genau gesagt, fahren sie in ein Thermalbad. Ein Thermalbad nutzt eine warme Quelle aus der Erde. Deshalb ist dort in einigen Becken das Wasser so warm wie in der Badewanne. Es hat nämlich 36 °C.

Beide Kinder können schon schwimmen, trotzdem fragt Melanie: „Darf ich meine Schwimmweste mitnehmen?“ „Na sicher!“, antwortet Papa, „und wir nehmen auch eure Schwimmreifen mit.“

Im Bad angekommen ziehen sich alle schnell um und ab gehts ins Wasser. „Oh, ist das schön warm“, schwärmen alle gleichzeitig. Katja und Melanie haben inzwischen die gelbe Rutschbahn entdeckt. „Bitte, bitte Papa“, betteln sie, „rutsch doch mit uns herunter!“ Und dabei schauen sie ihn mit ihrem treuen „Hundeblick“ an, weil sie genau wissen, dass Papa diesem Blick fast nie widerstehen kann.

„Na gut, meinetwegen“, gibt sich Papa geschlagen und geht mit einem Seufzer mit den Mädchen zur Rutschbahn. Melanie rutscht mit Papa gemeinsam und dann flitzt Katja hinunter. Juhu, das macht Spaß!

Versetze dich in die Situation von Katja und Melanie und stelle dir die Geschichte genau vor!

1. Kreuze die richtige Antwort an.

1.1 Was ist ein Thermalbad?

a) Ein Thermalbad nutzt eine warme Quelle aus der Erde. ☐
b) Ein Thermalbad nutzt eine kalte Quelle aus der Erde. ☐
c) Ein Thermalbad wärmt eine Quelle aus der Erde. ☐

Lesen macht schlau!

1.2 Wie warm ist das Wasser in einigen Becken?

a) 20 °C ☐
b) 36 °C ☐
c) 40 °C ☐

1.3 Was will Melanie mitnehmen?

a) den Schwimmreifen ☐
b) die Schwimmflügel ☐
c) die Schwimmweste ☐

1.4 Welche Farbe hat die Rutschbahn?

a) gelb ☐
b) grün ☐
c) blau ☐

1.5 Wer rutscht mit den Kindern?

a) Mama ☐
b) Papa ☐
c) Oma ☐

Lies Bücher, die dich interessieren, dann macht Lesen viel mehr Spaß!

2. Hoppla, in den Text sind sechs Wörter hineingerutscht, die nicht hineinpassen. Finde sie und streiche sie durch.

Im Schwimmbad

Katja und Melanie fahren heute mit ihren riesigen Eltern ins Schwimmbad, genau rot gesagt, fahren sie in ein Thermalbad. Ein Thermalbad nutzt eine warme Quelle aus der Erde. Deshalb ist dort in einigen Becken das Wasser so warm wie in der Badewanne. Es hat nämlich 36 °C. Beide gestern Kinder können schon schwimmen, trotzdem fragt Melanie: „Darf ich meine Schwimmweste mitnehmen?“ „Na sicher!“, antwortet Papa, „und wir nehmen auch eure Schwimmreifen mit.“ Im Bad angekommen ziehen sich alle schnell um und ab gehts ins Wasser. „Oh, ist das schön warm“, schwärmen alle gleichzeitig. Katja und Melanie haben inzwischen Haus die gelbe Rutschbahn ent-

Übe diese Schnelllese-Übung öfter zu Hause!

deckt. „Bitte, bitte Papa“, betteln sie, „rutsch doch mit uns herunter!“ Und dabei schauen sie ihn mit ihrem treuen „Hundeblick“ an, weil sie Wiese genau wissen, dass Papa diesem Blick fast nie widerstehen kann. „Na gut, meinetwegen“, gibt sich Papa geschlagen und geht mit einem Seufzer mit den Mädchen zur Rutschbahn. Melanie rutscht mit Papa gemeinsam und dann flitzt alt Katja hinunter. Juhu, das macht Spaß!

3. Schnelllese-Übung:
   Lies die kleinen Wörter, so schnell du kannst.

und	am	der	die	dass
mit	es	um	für	du
dem	auf	die	in	dir
da	dein	im	den	am
mit	eine	an	ich	um
viel	mich	wieder	auch	wenn
vor	klein	sein	mehr	denn
unter	dich	muss	seine	war
kein	nur	dann	wird	schon
bei	hat	sehr	selbst	des
nur	mich	bis	habe	was
wer	habe	kann	dies	und
wird	ihre	gut	bitte	beide
sein	sich	doch	auch	dort
hier	sind	zur	eure	eine
einen	alle	alt	darf	heute
hatte	oder	macht	warm	alle

Übung 3

1. In der Geschichte sind 15 Zahlen in Wörtern versteckt. Kannst du sie alle finden?

Der kleine Erkan spielt ein Lied auf dem Klavier und alle singen begeistert mit. „Spiel doch noch ein Lied", bettelt Tante Aysel. „Zur Belohnung fahren wir am Nachmittag mit der Achterbahn!" Das lässt Erkan sich nicht zweimal sagen und haut in die Tasten, dass es nur so kracht. Nur Opa ist ganz verzweifelt, weil er so schwerhörig ist, dass er die Klaviermusik kaum hört. „Schwerhörigkeit macht einsam", erzählt er seinem Nachbarn. Von dem Lärm wird auch die kleine Özlem wach.

„Sie ist eine richtige Siebenschläferin", erzählt Oma. „Während andere Kinder mit dem Dreirad fahren, schläft sie und träumt von Elfen*!" Nach dem Klavierspiel serviert Oma einen großen Salat mit dreieckigen Serviettenknödeln. Und der schmeckt den zehn Gästen hervorragend.

* *Elfen = anmutige Naturgeister*

Hast du alle Wörter in der Geschichte verstanden? Wenn nicht, dann frag nach!

2. Kennst du die Bedeutung von allen Wörtern? Kreuze die richtige Antwort an.

2.1 Was ist ein Siebenschläfer?

a) eine langweilige Person ☐
b) eine nette Person ☐
c) ein graues, eichhörnchenähnliches Nagetier ☐

2.2 Was sind Serviettenknödel?

a) Knödel, mit Serviette serviert ☐
b) Semmelknödelteig, der in ein Tuch gewickelt und gekocht wird ☐
c) Knödel, auf einer Serviette serviert ☐

2.3 Was bedeutet „verzweifelt sein“?

a) entmutigt, niedergeschlagen sein ☐
b) hoffnungsvoll sein ☐
c) zufrieden sein ☐

2.4 Warum macht Schwerhörigkeit einsam?

a) Weil Opa nicht sieht, was die anderen reden. ☐
b) Weil Opa nicht hört, was die anderen reden. ☐
c) Weil Opa nichts mit anderen redet. ☐

2.5 Überlege, welche Wörter du sonst noch nicht kennst, und bitte deinen Lehrer oder deine Lehrerin um eine Erklärung.

3. Kreuze die richtige Antwort an.

3.1 Wer spielt auf dem Klavier?

a) Tante Aysel ☐
b) Erkan ☐
c) Oma ☐

Stelle dir, auch wenn du laut liest, den Textinhalt immer genau vor!

3.2 Was ist die Belohnung für das Spiel?

a) eine Fahrt mit der Gondel ☐
b) eine Fahrt mit der Achterbahn ☐
c) eine Fahrt mit der Bahn ☐

3.3 Wovon träumt Özlem?

a) von Wölfen ☐
b) von Feen ☐
c) von Elfen ☐

3.4 Wie viele Gäste sind da?

a) fünf ☐
b) sieben ☐
c) zehn ☐

4. In jedem Wort ist ein Buchstabe zu viel.
Finde ihn und streiche ihn durch.

Blumentropf Taschenbruch Salatschlüssel

Übung 4

Tiere auf dem Bauernhof

Der Erste, der auf dem Bauernhof wach wird, ist der Hahn. „Kikeriki“, kräht er aus vollem Halse und gleich noch einmal: „Kikeriki, Kikeriki“. „Ist ja schon gut“, gackern die Hühner. „Wir haben dich gehört und sind schon alle wach. Du kannst aufhören, wie ein Verrückter zu krähen.“

Durch das Krähen wird im Pferdestall auch Krümelchen, das Pony, wach. „Wiiiaahh“, wiehert es und scharrt unruhig mit dem Huf. Es hat schon Hunger und will auf die Wiese.

Die Katze Mauz wird auch munter. Sie rekelt sich verschlafen und macht einen Katzenbuckel. „Miau, miau“, jammert sie und bettelt bei der Bäuerin um Milch.

Kreuze die richtige Antwort an.

1. Was heißt „die Katze rekelt sich“?

a) Die Katze dehnt und streckt sich. ☐
b) Die Katze rollt sich zusammen. ☐

2. Welche Tiere kommen in der Geschichte vor?

a) Katze, Pony, Hahn, Hühner ☐
b) Katze, Pony, Hahn, Schweine ☐
c) Katze, Pony, Hahn, Kühe ☐

3. In welcher Reihenfolge werden die Tiere wach?

a) Hahn, Hühner, Katze, Pony ☐
b) Hahn, Hühner, Pony, Katze ☐
c) Hahn, Pony, Hühner, Katze ☐

4. Wie heißt das Pony?

a) Pümelchen ☐
b) Kümmelchen ☐
c) Krümelchen ☐

Übung 5

Weihnachtsbriefe von Felix
Ein kleiner Hase besucht den Weihnachtsmann

Im letzten Dezember ist etwas Seltsames passiert. Sophies Kuschelhase Felix verschwand ganz unerwartet …

Und das kam so: Sophies Lieblingslehrerin hängte den bunten Adventskalender neben der Tafel auf. An den Ösen baumelten nicht nur 24, sondern gleich 29 Päckchen, für jeden aus der Klasse eines. Was da nur drin sein mochte?

Es kribbelte richtig in Sophies Bauch, als sie die vielen geheimnisvollen Päckchen sah. Für Sophie hätte es immer Advent sein können – oder große Ferien. Malte fand so einen Adventskalender nicht schlecht, aber von Nikolaus, Wunschzetteln an den Weihnachtsmann und von Weihnachtskrippen wollte er nichts mehr wissen. „Phhh, das ist doch Quatsch!“, rief er auf dem Schulhof. „Die Großen haben das alles sowieso nur erfunden!“ Sophie war empört. Wie konnte Malte nur so etwas sagen? „Weihnachten ist doch keine Erfindung!“, sagte sie laut. Malte sah Sophie an: „Kein Wunder, dass DU noch an den Weihnachtsmann glaubst. Du schleppst ja auch immer noch deinen blöden Stoffhasen herum. Ist das Babykram oder was?!“ Maltes Freunde kicherten. Und bevor Sophie Luft holen und sagen konnte, dass ihr Felix schon um die ganze Welt gereist war, viele Abenteuer bestanden und die tollsten Briefe geschickt hatte, rief Malte: „Sophie ist ein Baby, Sophie ist ein Baby!“ Plötzlich sangen das auch Maltes Freunde im Chor. Den ganzen Nachhauseweg liefen sie singend hinter ihr her. Wäre Johanna nicht bei ihr geblieben, hätte Sophie geweint, bevor sie zu Hause am Gartentor ankam.

Vergiss nicht, dir die Geschichte genau in deinem Kopf vorzustellen!

Im Flur duftet es schon köstlich. Aber Sophie hat kein bisschen Hunger. Mama sieht sofort, dass etwas nicht stimmt. „Was ist denn passiert, mein Schatz?“, fragt sie. „Die aus meiner Klasse lachen mich aus“, sagt Sophie. „Sie behaupten einfach, dass es den Weihnachtsmann gar nicht gibt.“ Sophie will nicht weinen, aber plötzlich kullern die Tränen. Mama nimmt Sophie in den Arm und sagt: „Weißt du, es geschehen nur die Wunder, an die man glaubt.“ Dann flüstert sie: „Ich finde es ganz toll, dass du zu deiner Meinung stehst!“ Sophie nickt und wischt mit ihrem Pulloverärmel die Tränen ab. Sie mag gar nicht an den nächsten Schultag denken. Vielleicht bekommt sie ja eine Erkältung und muss im Bett bleiben? So ein bisschen krank fühlt sie sich jetzt schon. Müde stapft Sophie die Treppe hinauf. Wie gut, dass Felix im Kinderzimmer auf sie wartet. (…)

„Ach, Felix, hätte ich bloß nicht gesagt, dass es den Weihnachtsmann gibt!“, murmelt Sophie nachdenklich. Was ist, wenn Malte und die anderen aus ihrer Klasse sogar recht haben?

Schließlich hat sie den Weihnachtsmann ja noch nie richtig gesehen. Sophie weiß keinen Rat. Spät abends fallen ihr die Augen zu, aber sie hört noch, dass Felix' Glöckchen leise klingelt. Alles im Haus schläft tief und fest: Nur Felix ist hellwach und schreibt einen eiligen Brief …

Annette Langen

Viele spannende Geschichten mit Felix, dem kleinen Hasen, der um die Welt reist, findest du in einer Buchhandlung oder Bücherei!

1. Alles genau gelesen und vorgestellt?
   Dann beantworte die folgenden Fragen:

a) Wie viele Päckchen baumelten an dem Adventskalender? ______________________

b) Wer ist Felix? ______________________

c) Wem gehört Felix? ______________________

d) Wer begleitet Sophie auf dem Nachhauseweg?

____

2. Überlege, was für dich zu Weihnachten gehört.
   Trage die Begriffe in die Übersicht ein.

________	________	________	________
________	________	________	
________	________	________	________

3. In der folgenden Buchstabenschlange kommt das Wort „Geschenke“ mehrmals vor. Finde es und unterstreiche es.

HDFGHÖLKMEGGHERLEDGESCHENKEASDFJKLÖPOI-
UQWERTKGESCHENKEWEWRTZUNFNÖLELKFFHMLRP-
WSPSETLFGHHRESGESCHENKENUUDMMEEMNJEGE-
SCHENKEJKLÖASFJKLÖQWERUIOPTZQWERTZUIIKJÖKAS-
WSEIUDEIDKMDDILLÖASEDKIEKSFEEFKGESCHENKEIUZ-
TREWQWERTZTREEWHGFDFGTRMKLOLOGESCHENKEI-
UZTHJUMUZHOIKJUZNNJHZUHZHMHEUERUGESCHENKE-
OOPOIUZZTREWWQGFGESCHENKEJOPÜIJWUPER

Übung 6

Zungenbrecher

Lies die folgenden Zungenbrecher, so schnell du kannst.

Der Flugplatzspatz nahm am Flugplatz Platz.
Auf dem Flugplatz nahm der Flugplatzspatz Platz.

Gute Glut grillt Grillgut gut.
Grillgut grillt gut gute Glut.

Rasch rollt Rudis Rad runter,
runter rollt Rudis Rad rasch.

Mit Zungenbrechern übst du die gute Aussprache!

Blaukraut bleibt Blaukraut
und Brautkleid bleibt Brautkleid.

Zwischen zwei Zwetschgenzweigen
zwitschern zwei Zwergschwalben.
Zwei Zwergschwalben zwitschern
zwischen zwei Zwetschgenzweigen.

Ein Quatschkopf quatscht Quatsch.
Quatsch quatscht ein Quatschkopf.

Esel essen Nesseln gern.
Nesseln essen Esel gern.

Wir Wiener Wäscheweiber
waschen weiße Wäsche.
Weiße Wäsche waschen
wir Wiener Wäscheweiber.

Bernd Brucker

Übung 1

Die Konferenz der Mäuse

Auf einem Bauernhof lebte einst ein großer Kater, der Angst und Schrecken unter den Mäusen verbreitete. Keine von ihnen wagte es mehr, aus dem Keller zu kommen. Sie hatten Angst, in die Klauen des Ungeheuers zu geraten. So beschloss die immer kleiner werdende Mäuseschar eine Konferenz abzuhalten. Sie wollten einen Ausweg aus der schwierigen Situation finden.

Als der Kater einmal nicht im Haus war, nützten alle die Gelegenheit und hielten eine Versammlung ab. Alle strömten herbei und jeder der Teilnehmer hatte auch einen Vorschlag vorzubringen, aber keine der Ideen war wirklich umsetzbar. Eine Maus schlug vor: „Bauen wir doch eine Katzenfalle!“ Eine andere sagte: „Wie wäre es, wenn wir den Kater vergiften?“ Doch niemand von ihnen kannte ein Gift, das Katzen töten konnte. Eine junge Witwe, deren Mann dem grausamen Kater als Beute zum Opfer gefallen war, schlug vor: „Schneiden wir ihm die Krallen und ziehen wir ihm die Zähne, dann kann er keinen Schaden mehr anrichten!“ Niemand war von dieser Idee begeistert.

Schließlich meldete sich eine Maus zu Wort. Sie kletterte auf die Spitze einer Laterne, läutete eine Glocke und bat um Aufmerksamkeit. Sie sagte: „Wir werden diese Glocke an den Schwanz des Katers binden und immer genau wissen, wo er sich aufhält. Wir haben dann Zeit davonzulaufen, und auch die Langsamen unter uns haben noch die Möglichkeit sich zu verstecken!“

Die weise Maus erntete großen Applaus für diesen Vorschlag und alle beglückwünschten sie zu dieser großartigen Idee. „Wir werden die Glocke so fest anbinden, dass der Kater nie wieder von ihr loskommt. Er wird sich nie wieder leise an uns heranschleichen können! Unlängst bekam ich einen Riesenschrecken, als er plötzlich vor mir stand!“

Die weise Maus läutete wieder die Glocke. „Wir müssen nun abstimmen, wer die Glocke an den Schwanz des Katers binden soll.“

Plötzlich hörte man keinen Laut mehr, außer einem Gemurmel: „Ich kann nicht, weil …“ „Ich nicht!“ „Ich würde gern, aber …“ „Ich kann auch nicht …“ „Ich nicht …“
Niemand war tapfer genug, um den Plan auszuführen und die Konferenz der Mäuse endete ohne eine Entscheidung.

1. Hat dir diese Geschichte gefallen? Wüsstest du ein anderes Ende für diese Geschichte?

2. Hier sind die Wörter in den Sätzen durcheinandergeraten. Schreibe die Wörter auf kleine Kärtchen und schiebe sie so lange hin und her, bis du den Satz lesen kannst.

a) ihnen wagte Keiner es mehr, von kommen.
Keller zu aus dem
b) geraten. zu des die Angst, in hatten Klauen Sie Ungeheuers
c) Die eine beschloss, Mäuseschar abzuhalten. Konferenz
d) der im nicht Als Kater war, Haus ab. eine die hielten
Versammlung Mäuse

Wenn du Lernstoff vor dem Schlafen noch einmal durchliest, dann prägt er sich besser ein!

Übung 2

Mascha und der Bär

Versuche diesen Text zu lesen.

Ein alter Mann und seine Frau lebten mit ihrer Enkelin Mascha in einem kleinen Dorf. Eines Tages beschlossen die Mädchen im Dorf, Blumen und Pilze zu sammeln. Sie fragten Mascha, ob sie nicht mitkommen wollte. „Großmutter, Großvater, darf ich mit den anderen Mädchen mitgehen? Wir wollen in den Wald gehen und dort Blumen und Pilze sammeln.“ Die alten Leute antworteten: „Du kannst schon mitgehen, nur gib acht, dass du bei den anderen bleibst und dich nicht verirrst!“ So gingen die Mädchen in den Wald. Mascha ging von Baum zu Baum und von Busch zu Busch und schon nach kurzer Zeit war sie weit weg von allen anderen. Sie suchte sie überall und rief laut ihre Namen, doch die anderen konnten sie nicht hören und auch nicht antworten. Mascha lief weiter, hierhin und dorthin, und geriet immer weiter in den Wald hinein. Plötzlich stand sie vor einem hölzernen Haus. Sie klopfte an, doch es meldete sich niemand. Sie drückte die Türklinke und die Tür war offen. Drinnen war eine Bank und Mascha setzte sich und überlegte, wem dieses Haus wohl gehören könnte. Das Haus gehörte einem einsamen, großen Bären. Er war gerade im Wald auf Futtersuche gewesen. Als er heimkam, war er hocherfreut, als er das Mädchen sah. „Oho“, sagte er, „ich werde dich hier im Haus bei mir behalten, denn ich kann dich gut für Hausarbeit brauchen!“ Mascha war sehr unglücklich und weinte, doch sie hatte keine andere Wahl. Der Bär war tagsüber im Wald und warnte Mascha davor, davonzulaufen. „Wenn du versuchst davonzulaufen, werde ich dich schnell wiederfinden und dich auffressen.“*

* Mascha überlegte nun, wie sie es wohl anstellen könnte, dem Bären doch zu entkommen. Sie hatte eine Idee und sagte zu dem Bären: „Lieber Bär, lass mich bitte für einen Tag nach Hause gehen, ich möchte einen Kuchen backen und ihn meinen Großeltern bringen.“ „Nein, nein“, sagte der Bär, „du verirrst dich wieder im Wald. Gib mir den Kuchen und ich werde ihn deinen Großeltern bringen!“

Fortsetzung nächste Seite

Mascha bereitete den Kuchen, gab ihn auf einen Teller und steckte alles in einen Korb, den man auf dem Rücken tragen kann. Mascha sagte zum Bären: „Ich lege den Kuchen in diesen Korb, aber du darfst unterwegs nicht naschen, ich werde auf den höchsten Baum klettern und dich beobachten!“ „Gut“, sagte der Bär, „gib mir den Korb.“ Mascha sagte: „Geh noch schnell vor die Türe und sieh nach, wie das Wetter wird!“ Als der Bär draußen war, kletterte Mascha in den Korb, deckte sich zu und legte oben auf den Kuchen. Der Bär kam herein und sah, dass der Korb fertig war. Er hob ihn auf den Rücken und machte sich auf den Weg. Er ging an Tannen vorbei und an Buchen, er wanderte talauf, talab und allmählich wurde er müde. Er sagte zu sich selbst: „Ich werde den Korb abnehmen und ein Stück Kuchen kosten.“ Aber Mascha rief: „Ich kann dich sehen, ich kann dich sehen. Du darfst keinen Kuchen kosten. Du musst alles zur Großmutter bringen!“ Der Bär dachte: „Sie muss gute Augen haben, so weit kann sie sehen. Also werde ich den Korb wieder auf den Rücken heben.“ Er ging weiter und weiter und wurde sehr müde. Er setzte sich nieder und sagte: „Ich werde den Korb abnehmen und ein Stück Kuchen kosten.“ Aber Mascha rief: „Ich kann dich sehen, ich kann dich sehen. Du darfst keinen Kuchen kosten. Du musst alles zur Großmutter bringen!“ Der Bär war erstaunt. „Sie muss wirklich auf den höchsten Baum geklettert sein, wenn sie so weit sehen kann“, dachte er bei sich. Also ging er weiter, kam schließlich ins Dorf zu den Großeltern, klopfte an die Gartentür und rief: „Ich habe Kuchen von Mascha für euch gebracht. Macht auf!“ Aber die Hunde im Dorf hatten seinen Geruch entdeckt und liefen von allen Seiten herbei. Der Bär bekam es mit der Angst zu tun, ließ den Korb zurück und lief schnell wieder zum Wald zurück. In diesem Augenblick kamen die Großeltern aus dem Haus. „Was ist wohl in dem Korb?“, fragten sie. Der Großvater nahm den Deckel ab und – heraus sprang Mascha. So lange hatten sie das Mädchen vermisst und nun war sie wieder daheim. Alle freuten sich, küssten Mascha und lobten sie, weil sie den Bären überlistet hatte. Ende

Übung 3

Der Teufel und Katja

In einem Dorf lebte einmal eine alte Magd, die hieß Katja.

Sie hatte ein kleines Haus, einen Garten und ein paar Goldmünzen, doch auch der ärmste Bursche hätte sie nicht heiraten wollen. Sie war böse und hinterlistig wie ein Teufel. Sie betreute ihre alte Mutter, doch sonst hatte sie wenig Kontakt mit anderen Menschen. Sie war streitsüchtig und musste immer recht behalten. So wollte niemand mit ihr Kontakt haben. Sie war außerdem sehr hässlich. Aus all diesen Gründen war sie schon fast vierzig Jahre alt und immer noch allein.

An jedem Wochenende gab es am Samstagnachmittag in dem kleinen Dorf einen Ball. Die Dudelsackpfeifer* begannen zu spielen und bald füllte sich der Saal mit jungen Leuten. Auch die Kinder waren mit Begeisterung dabei. Katja war jede Woche beim Tanz, doch immer ohne Glück. Sie blieb allein.

Eines Tages sagte sie zu sich: „So alt bin ich schon und hatte noch nie Gelegenheit zu einem Tanz. Ich würde sogar mit dem Teufel tanzen!“ Voll Ärger kam sie zum Gasthaus, setzte sich nieder und wartete wie immer.

Bald saß am Nachbartisch ein junger Mann, der sie beobachtete und ihr zutrank. Kurze Zeit später war dieser Bursche an ihrem Tisch, bestellte Getränke für sie und lud sie zum Tanz ein. Katja wunderte sich, dass ihr plötzlich so viel Ehre zuteil wurde. Der Bursche zahlte mit Dukaten und tanzte den ganzen Abend nur mit ihr.

„Wer das wohl sein mag?“, fragten die Leute vom Dorf und steckten die Köpfe zusammen. Als es Zeit war nach Hause zu gehen, begleitete sie der junge Mann nach Hause.

* Dudelsackpfeifer = jemand, der auf einem Dudelsack spielt. Dudelsack = Blasinstrument

Katja sagte beim Abschied: „Wenn ich nur mein ganzes Leben lang mit dir tanzen könnte!“ „Das könnte schon geschehen!“, sagte der junge Mann.

„Wo wohnst du denn?“, fragte Katja. „Halte mich fest“, sagte der junge Mann und verwandelte sich im gleichen Augenblick in einen Teufel. Er fuhr geradewegs zur Hölle mit ihr. Katja klammerte sich an ihn und ließ ihn gar nicht mehr los. Der Teufel stöhnte schon unter der schweren Last, doch er konnte Katja nicht mehr loswerden. Er ging also zu seinem Herrn und wollte ihn um Rat fragen.

„Wen bringst du denn da?“, fragte dieser. Der Teufel erzählte ihm die ganze Geschichte, wie Katja sich nach einem Tänzer gesehnt hätte. Er hätte aber nicht geahnt, dass sie ihn nicht mehr loslassen würde.

Der Herr sagte: „Das hättest du doch ahnen müssen! Nun musst du selbst sehen, wie du sie wieder loswerden kannst.“

Mache dir Notizen zu einem Text und schreibe dir wichtige Informationen heraus!

Sofort kehrte der Teufel wieder zur Erde zurück. Katja klammerte sich fest an ihn. Zornig ging er also die Straße entlang. Er wollte Katja um jeden Preis loswerden. So kaufte er viele Geschenke ein und bot sie Katja an, doch ohne Erfolg. Da sah er auf einer Weide einen Schafhirten. Er klagte ihm sein Leid und sagte: „Kannst du mir helfen? Ich bin schon ganz erschöpft von dieser schweren Last. Ich kann nicht mehr. Hier hast du 50 Dukaten. Hilf mir ein Stück des Weges. Dann werde ich die Last wieder übernehmen.“

Als Katja den hübschen jungen Mann sah, sprang sie sofort auf dessen Rücken und war froh, den hässlichen Teufel los zu sein. Aber der Schafhirte war nicht glücklich über die schwere Last. Er überlegte bald, wie er das Mädchen loswerden könnte.

Sie klammerte sich ganz fest an ihn und ließ nicht mehr los. Der junge Mann hatte eine Idee: Er knüpfte einen Knopf seiner Pelzjacke auf und dann noch einen und als er an einem Teich vorbeikam, schlüpfte er ganz aus der Jacke heraus und Katja fiel mitsamt der Jacke in den Teich. Schnell lief er davon. Katja hatte einen ordentlichen Schock bekommen. Doch sie versuchte allmählich, aus dem Teich wieder herauszukommen.

Sie hatte nun kein Verlangen mehr nach einem Abenteuer mit dem Teufel. Sie lebte in ihrem kleinen Haus und arbeitete im Garten. Manchmal, am Samstagnachmittag, hörte sie die Dudelsackpfeifer, doch sie hatte niemals mehr den Wunsch nach einer Tanzunterhaltung.

K. Erben, B. Nemcova
übersetzt von Christl Meixner

Beantworte die folgenden Fragen und kreuze die richtige Antwort an.

1. Warum war Katja im Dorf nicht beliebt?

a) Sie war arm. ☐
b) Sie war böse und hinterlistig. ☐
c) Sie war nur eine Magd. ☐

2. Was war ihr größter Wunsch?

a) Sie wollte reich werden. ☐
b) Sie wollte ins Gasthaus gehen. ☐
c) Sie wollte einen Tanzpartner haben. ☐

3. Warum kam der Teufel zu ihr?

a) Sie war traurig. ☐
b) Sie sagte, sie würde sogar mit dem Teufel tanzen. ☐
c) Die Magd gefiel ihm. ☐

4. Wie sah der Tanzpartner von Katja aus?

a) Er sah aus wie ein junger Mann. ▢
b) Er sah aus wie ein Teufel. ▢
c) Er war als Schafhirte verkleidet. ▢

5. Wie verhielt sich Katja, als sie merkte, dass der junge Mann der Teufel war?

a) Sie klammerte sich an ihn. ▢
b) Sie wollte davonlaufen. ▢
c) Sie war erstarrt vor Schreck. ▢

6. Warum konnte der Teufel Katja nicht mehr loswerden?

a) Er liebte sie. ▢
b) Sie klammerte sich an ihn. ▢
c) Sie verlangte Geld von ihm. ▢

7. Wie konnte der Teufel sich schließlich doch von Katja befreien?

a) Er gab ihr viel Geld. ▢
b) Er versprach ihr schöne Kleider. ▢
c) Ein Schafhirte nahm sie ihm ab. ▢

8. Lies die folgenden Eigenschaftswörter und suche jeweils das Wort, das nicht dazu passt. Streiche es durch.

a) alt – betagt – gebrechlich – jung an Jahren
b) böse – teuer – durchtrieben – mit schlechten Absichten
c) hinterlistig – mit böser Absicht – unehrlich – nett
d) hässlich – abstoßend – schmutzig – nicht hübsch

Trinke ein Glas Wasser, wenn du müde bist. Das fördert die Konzentration und das Denken!

Übung 4

So viele verschiedene Wörter für „gehen“!

Jörg ging die Straße hinunter. Immer schneller marschierte er, bis er schließlich zu laufen anfing. Er hatte es plötzlich ganz eilig aus diesem Viertel zu verschwinden und rannte, als wäre der Teufel hinter ihm her. Dieses Haus, in dem er übernachtet hatte, war einfach unheimlich. Es geschahen die seltsamsten Dinge dort und die unmöglichsten Gestalten schlichen herum. Gestern Abend saß er auf der Terrasse, um sich ein wenig zu entspannen. Zuerst wankte ein Betrunkener vorbei. Er stolperte über seine eigenen Füße und fiel der Länge nach auf eine Katze, die im Dunkeln herumtappte. Die Katze fauchte und sauste davon.

Danach trippelte eine ganze Schar Enten vorbei und gleich darauf stapfte ein alter Mann in einem zerlumpten Mantel vorbei. Er riss seinen Hut vom Kopf und bettelte um eine Spende, bevor er weiterwanderte.

Das ging ja gerade noch, aber dann schlenderte eine ganz seltsame, zwielichtige Gestalt vorbei. Diese Gestalt war so groß und schwer, dass sie wie ein Elefant trampelte.

1. Suche alle Wörter für „gehen“ im Text und markiere sie mit einem Leuchtstift. Das sind folgende Wörter:

ging – marschierte – laufen – rannte – schlichen – wankte – stolperte – herumtappte – sauste – trippelte – stapfte – weiterwanderte – schlenderte – trampelte

2. Kreuze die richtige Antwort an.

2.1 Was ist ein zerlumpter Mantel?

a) ein zerrissener, abgetragener Mantel ☐
b) ein besonders schöner Mantel ☐
c) ein langer, schwarzer Mantel ☐

2.2 Was ist eine zwielichtige Person?

a) eine Person, der man nicht vertraut ☐
b) eine sehr freundliche Person ☐
c) eine sehr schöne Person ☐

Entspannungsmusik kann konzentriertes Lernen fördern. Probiere es aus!

2.3 Was bedeutet: „um eine Spende betteln“?

a) anderen Personen Geld geben ☐
b) andere Personen um Geld bitten ☐
c) Geld ins Bett legen ☐

2.4 Was bedeutet: „das Haus war unheimlich“?

a) Das Haus war sehr einladend. ☐
b) Das Haus war erschreckend und beängstigend. ☐
c) Das Haus war sehr groß. ☐

3. Erinnere dich an die verschiedenen Wörter für „gehen“ und trage sie in der Grundform („gehen“, „spazieren“) in die Übersicht ein.

gehen

4. Lies die Wörter im Kasten durch. Welche Wörter verstehst du nicht? Unterstreiche sie und bitte deinen Lehrer oder deine Lehrerin um eine anschauliche Erklärung. Probiere die verschiedenen Gangarten gleich aus.

gehen, wandern, spazieren, stapfen, schreiten, schlendern, bummeln, waten, stolpern, wanken, trippeln, tappen, sausen, schleichen, trampeln, marschieren, eilen, rennen, sprinten

5. Ordne die Wörter richtig zu.

a) Welche Wörter bedeuten „schnell gehen“ und welche bedeuten „laut gehen“? Male sie in der vorgegebenen Farbe an. Ein Wort passt nicht. Streiche es durch.

schnell gehen | laut gehen

marschieren | eilen | sausen | trampeln | rennen | schlafen

b) Welche Wörter bedeuten „unsicher gehen“ und welches Wort bedeutet „durch Wasser und Schmutz gehen“? Male sie in der vorgegebenen Farbe an. Zwei Wörter passen nicht. Streiche sie durch.

unsicher gehen | durch Wasser und Schmutz gehen

waten | reden | stolpern | wanken | sprechen

c) Ordne richtig zu und male die Begriffe in der vorgegebenen Farbe an. Ein Wort passt nicht.

auf Zehenspitzen gehen | gemütlich gehen

bummeln | reiten | tappen | spazieren | schlendern | schleichen

6. Lies die kleinen Wörter ganz schnell.

um – in – mit – auf – ein – der – für
mit – den – die – das – eine – weil – wer – wo
wann – was – bis – ist – mit – sind – bei – oder
aus – von – vor – des – durch – aber – dem – den
doch – durch – gern – gut – gib – gelb – gab

7. Folge den Linien nur mit den Augen. Wie lautet der Satz?

Beginne beim violetten Kästchen zu lesen und nummeriere die Wörter in der richtigen Reihenfolge.

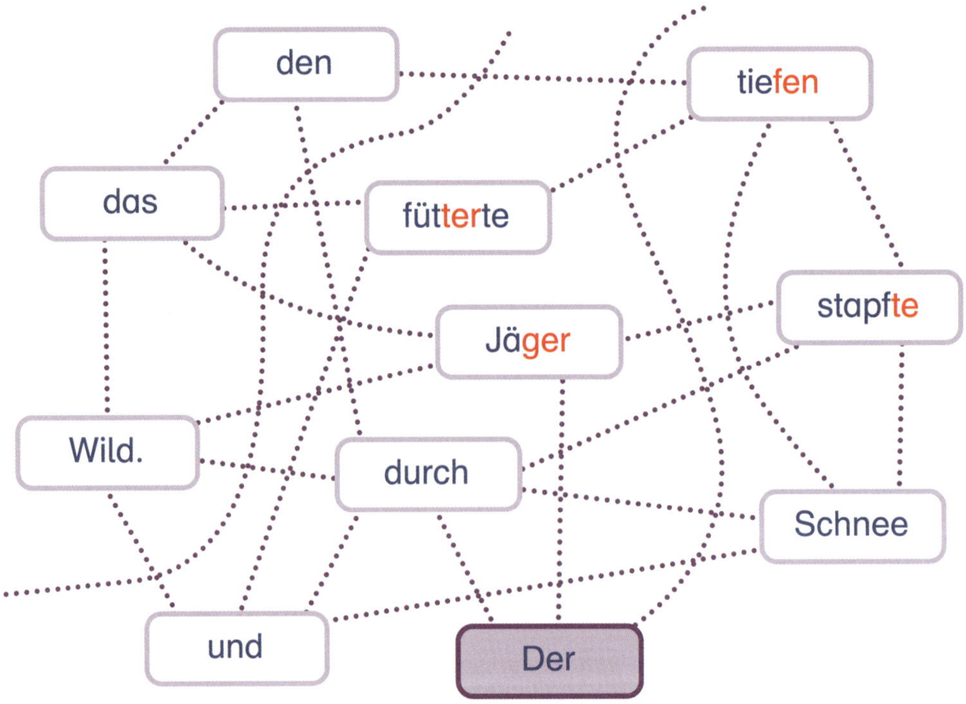

Nutze Wartezeiten zum Lesen eines Buches!

Übung 1

Tipps zum Auswendiglernen eines Gedichts:

1. Markiere die Wörter, die sich reimen, mit einem Leuchtstift.
2. Lerne eine Strophe nach der anderen. Erst wenn du die erste Strophe kannst, lernst du die zweite.
3. Stelle dir den Inhalt des Gedichtes bildlich vor. Höre die Stimmen und Geräusche in deinem Kopf. Fühle dich in das Geschehen ein.
4. Wenn du magst, kannst du auch Zeichnungen zum Textinhalt des Gedichts anfertigen. Dadurch prägt es sich besser ein.

Martinslied

Sankt Martin ritt durch Schnee und Wind,
sein Ross, das trug ihn fort geschwind.
Sankt Martin ritt mit leichtem Mut,
sein Mantel deckt' ihn warm und gut.

Im Schnee, da saß ein armer Mann,
hatt' Kleider nicht, hatt' Lumpen an.
„O helft mir doch in meiner Not,
sonst ist der bittre Frost mein Tod!"

Sankt Martin zog die Zügel an,
sein Ross stand still beim armen Mann.
Sankt Martin mit dem Schwerte teilt'
den warmen Mantel unverweilt.

Sankt Martin gab den halben still;
der Bettler rasch ihm danken will.
Sankt Martin aber ritt in Eil'
hinweg mit seinem Mantelteil.

Übung 2

Lies das folgende Gedicht laut vor.
Achte dabei auf die Betonung beim Lesen.

Lieber Nikolaus

Hab dein Glöcklein schon gehört,
draußen vor dem Haus.
Lange schon wart ich auf dich,
lieber Nikolaus.

Du bringst einen großen Sack,
bis zu mir daher.
Wenn du mir davon was gibst,
trägst du nicht so schwer.

Ich versuche brav zu sein,
braver als ich war.
Danke, lieber Nikolaus,
bis zum nächsten Jahr.

Durch die Betonung prägt sich das Gedicht besser ein und du kannst dich leichter daran erinnern.

1. Neben dem Gedicht findest du Zeichnungen.
   Was glaubst du, bedeuten diese Zeichnungen?

2. Markiere die Wörter, die sich reimen, mit einem Leuchtstift.
3. Beantworte die folgenden Fragen zum Gedicht:

a) Was hast du gehört?

____

b) Wo hast du es gehört?

____

c) Auf wen wartest du?

____

d) Was bringt der Nikolaus?

____

e) Warum soll der Nikolaus etwas hergeben?

____

f) Was versuchst du zu sein?

____

4. Was passt zusammen? Male die Sätze, die zu einer Strophe gehören, mit der gleichen Farbe an.

Lieber Nikolaus

Hab dein Glöcklein schon gehört, draußen vor dem Haus.	Danke, lieber Nikolaus, bis zum nächsten Jahr.
Du bringst einen großen Sack, bis zu mir daher.	Lange schon wart ich auf dich, lieber Nikolaus.
Ich versuche brav zu sein, braver als ich war.	Wenn du mir davon was gibst, trägst du nicht so schwer.

Übung 3

Stelle dir alle Aufgaben bildlich vor!

Löse die folgenden Textaufgaben mithilfe der vier Grundrechenarten.

addieren = zusammenzählen
subtrahieren = abziehen
multiplizieren = malnehmen
dividieren = teilen

1. Frau Müller hat 20 Euro und kauft sich eine Bluse für 5 Euro.

   Wie viel Geld bleibt übrig?

   ____

   Welche Rechenart wendest du an?
   An welchem Wort erkennst du das? Unterstreiche es.

2. Paul hat 50 Bücher und bekommt noch 10 Bücher.

   Wie viele Bücher hat er nun?

   ____

   Welche Rechenart wendest du an?
   An welchem Wort erkennst du das? Unterstreiche es.

3. Barbara hat 200 Euro auf ihrem Sparbuch.
   Sie hebt 10 Euro ab.

   Wie viel Geld hat sie noch auf dem Sparbuch?

   ____

   Welche Rechenart wendest du an?
   An welchem Wort erkennst du das? Unterstreiche es.

4. Fritz hat bereits 10 Euro. Er verkauft einen Tennisschläger für 5 Euro.

   Wie viel Geld hat er nun?

   ____

   Welche Rechenart wendest du an?
   An welchem Wort erkennst du das? Unterstreiche es.

5. Hannah ist 9 Jahre alt. Oma ist siebenmal so alt wie Hannah.

   Wie alt ist Oma?

   ____

   Welche Rechenart wendest du an?
   An welchem Wort erkennst du das? Unterstreiche es.

6. Thomas, Max und Willi teilen 24 Fußballkarten untereinander auf.

   Wie viele Karten bekommt jeder?

   ____

   Welche Rechenart wendest du an?
   An welchem Wort erkennst du das? Unterstreiche es.

7. In einem Beutel sind 8 Orangen. Jan kauft 3 Beutel.

   Wie viele Orangen hat Jan nun?

   ____

   Welche Rechenart wendest du an?
   An welchem Wort erkennst du das? Unterstreiche es.

Frag nach, wenn du ein Wort im Text nicht verstehst!

Übung 4

Wenn du etwas bekommst, dann hast du nachher mehr, d.h. du musst zusammenzählen!

Textaufgaben musst du verstehen, damit du sie lösen kannst. Lies zunächst die gesamte Aufgabe durch und stelle dir alles bildlich vor.
Frage nach, wenn du dir nicht sicher bist, was ein Wort oder ein Satzteil bedeutet.

Für viele Kinder ist es hilfreich, eine Zeichnung zur Textaufgabe anzufertigen, um die Aufgabe besser zu verstehen.

1. Leo hat 33 Euro im Sparschwein. Von seiner Oma bekommt er 20 Euro und von Onkel Max bekommt er 30 Euro.

   Wie viel Geld hat Leo insgesamt?

   Mache nun eine einfache Zeichnung zur Angabe.

Die Rechnung lautet: ____________________

Wenn du etwas verkaufst, gibst du es weg und hast nachher weniger, d.h. du musst abziehen.

2. Der Bäcker backt 27 Brezeln. Er verkauft 7 Brezeln und dann nochmal 5 Brezeln.

   Wie viele bleiben übrig?

   Mache eine Zeichnung.

Die Rechnung lautet: ____________________

Nico mäht fünfmal den Rasen, deshalb bekommt er auch fünfmal 4 Euro. Das heißt, du musst malnehmen.

3. Nico mäht den Rasen bei der Nachbarin. Pro Rasenmähen verdient er 4 Euro. Er hat den Rasen schon fünfmal gemäht.

   Wie viel hat er schon verdient?

Die Rechnung lautet: ______________________________

Hier willst du wissen, wie oft der kleine Betrag in dem größeren steckt, das heißt du musst teilen.

4. Manuela will Bälle kaufen. Sie hat 54 Euro. Ein Ball kostet 9 Euro.

   Wie viele Bälle kann sich Manuela kaufen?

Die Rechnung lautet: ______________________________

5. Selina ist 8 Jahre alt. Oma ist siebenmal so alt. Opa ist um 3 Jahre älter als Selina und Oma zusammen.

   Wie alt ist Oma und wie alt ist Opa?

   Mache eine Zeichnung.

Die Rechnung lautet: ______________________________

Indem du dich in die jeweilige Situation versetzt, kannst du die Textaufgabe meist besser verstehen.

Übung 5

1. Ein Buch kostet 4 Euro.
   Max hat insgesamt 36 Euro.
   Er kauft sich 7 Bücher.

   Wie viel Geld bleibt noch übrig?

   ____

   ____

2. Spielt die folgende Aufgabe in einem Rollenspiel durch.
   Das Rollenspiel hilft dir bei der Vorstellung der Aufgabe.

   Auf einer Tanzfläche tanzen 20 Kinder.
   6 Kinder bilden Kreise mit je 3 Kindern. Alle anderen Kinder bilden Paare.

   Wie viele Kreise und wie viele Paare tanzen auf der Tanzfläche?

   ____

   ____

Um diese Aufgabe lösen zu können, musst du wissen, was ein Paar ist.

Übung 6

Brachiosaurus = Die Maße des Brachiosaurus waren gigantisch. Er war mit seinen 22 bis 30 Metern etwa so lang wie drei Autobusse und wog mit seinen rund 80 Tonnen soviel wie 20 ausgewachsene Elefanten.

Stegosaurus = Der Stegosaurus war mit seinen 9 Metern etwa so lang wie ein Autobus und mit seinen 2 Tonnen etwa so schwer wie ein Nashorn.

Segisaurus = Der Segisaurus war dagegen nur 1 Meter lang und wog nur etwa 5 Kilogramm.

Dinosaurier

Vor langer, langer Zeit, lange bevor es Menschen auf der Erde gab, lebten im Erdmittelalter, das war vor 200 Millionen Jahren, die Dinosaurier.

Damals sah es auf der Erde noch ganz anders aus als heute. Zur Zeit der Dinosaurier war es auf der ganzen Erde sehr warm. Damals waren die Ozeane viel größer und es gab nur einen einzigen Kontinent[1].

Dinosaurier starben vor rund 65 Millionen Jahren aus. Man nimmt an, dass dies aufgrund eines Meteoriteneinschlags[2] auf der Erde, der das Klima eisig kalt werden ließ, geschah. Ganz sicher ist man sich allerdings nicht.

Man fand weltweit Überreste von Dinosauriern, also nimmt man an, dass sie in allen Teilen der Erde heimisch waren.

Es gab viele verschiedene Arten.
Manche von ihnen waren riesig groß und wogen mehr als 20 Elefanten. Andere hatten etwa die Größe von einem Wildschwein, waren dafür aber schnell und wendig.

Dinosaurier liefen auf den Hinterbeinen oder vierfüßig; sie waren Pflanzenfresser oder Fleischfresser mit sehr spitzen Zähnen. Um sich fortzupflanzen, bauten sie Nester und legten Eier, die sie von der Sonne oder der Erdwärme ausbrüten ließen. Die genaue Hautfarbe der Dinosaurier ist noch immer unbekannt. Die meisten Dinosaurier lebten auf dem Festland. Es gab aber auch Dinosaurier im Wasser.

Nutze lange Auto-, Zug- oder Busfahrten zum Lesen eines Buches!

[1] *Kontinent = Festland, Erdteil*

[2] *Meteoriten = Gesteinsbrocken aus dem Weltall*

Eine Möglichkeit, um schnell und einfach zu lernen, sind Lernkärtchen. Schreibe vorne die Frage und hinten die Antwort darauf oder mache es so wie hier: Schreibe oben die Frage und unten die Antwort.

Weißt du die Antworten? Schreibe sie in die Kärtchen.

Tyrannosaurus Rex = Der Tyrannosaurus Rex war ein von allen gefürchteter Fleischfresser. Seine Maße sind kaum vorstellbar. Im Durchschnitt wurde er 12 Meter lang, 6 Meter hoch und an die 7 Tonnen schwer. Allein sein Kopf war über 1 Meter lang und jeder seiner Zähne war so lang wie die Klinge eines großen Küchenmessers.
Er ging nur dem Stegosaurus aus dem Weg, weil er seinen Stachelschwanz fürchtete.

Lernkärtchen kannst du auch zur Rechtschreibung oder zum Einmaleins erstellen.

1. Wann lebten die Dinosaurier?

2. Warum starben die Dinosaurier aus?

Das Erdmittelalter = Die Erde gibt es schon seit 4,5 Milliarden Jahren. Wir teilen das Alter der Erde in folgende vier große Zeitabschnitte ein:
1. Erdurzeit
2. Erdaltertum
3. Erdmittelalter
4. Erdneuzeit
Das Erdmittelalter ist der dritte große Zeitabschnitt der Erdgeschichte. Zu dieser Zeit haben die Dinosaurier die Erde beherrscht.

Nimm die Lernkärtchen mit und lerne unterwegs oder wenn du warten musst!

3. Wie pflanzten sich die Dinosaurier fort?

Übung 1

Sprich die Buchstaben in einem bestimmten Takt und klatsche dazu.

Kannst du die 26 Buchstaben des Alphabets schon auswendig? Die richtige Reihenfolge der Buchstaben kannst du dir wie folgt einprägen:

Wir zerlegen das Alphabet nun in Buchstabengruppen.
Die ersten 10 Buchstaben:

A B C D

wie schön, dass ich zur Schule geh!

E F G

H I J

und meine Freunde täglich seh!

Dann merkst du dir den Buchstaben in der Mitte des Alphabets.

Das Alphabet hat 26 Buchstaben. In der Mitte steht der 13. Buchstabe und das ist das M. **M** und **Mitte**, das ist leicht zu merken.

A, B, C, D, E, F, G, H, I, J, K, L, **M**, N, O, P, Q, R, S, T, U, V, W, X, Y, Z

E F G
H I J
E und F sehen sich ähnlich, genau wie I und J, und kommen im Alphabet hintereinander.

Vor dem **M** kommt das **L**, das merkst du dir sicher schnell!
Vor L steht **K**, das ist doch **k**lar!
Nach dem M kommt das N. (**N** und **n**ach M, das ist auch einfach.)
M und N sind sich außerdem wieder ähnlich und stehen nacheinander.

Jetzt kannst du die ersten 14 Buchstaben im Alphabet auch leicht durcheinander aufsagen. Wiederhole gleich noch einmal.

1. Nenne die ersten 4 Buchstaben im Alphabet.

Erst durch Wiederholungen merkst du dir den Lernstoff langfristig.

2. Nenne den 13. Buchstaben im Alphabet?
   Das ist der Buchstabe in der Mitte.

3. Welcher Buchstabe steht vor dem M und welcher danach?
   Erinnere dich an die Eselsbrücke.

4. Welcher Buchstabe steht vor dem L?
   Nenne die Eselsbrücke dazu.

5. Welche sechs Buchstaben kommen nach dem D im Alphabet? Was fällt dir auf?

6. Ordne die Buchstaben nach dem Alphabet.
   Was fällt dir auf? M, F, I, E, J, N

Die zweite Hälfte der Buchstaben im Alphabet:

A, B, C, D, E, F, G, H, I, J, K, L, M, N, **O**, **P**, **Q**, **R**, **S**, **T**, **U**, **V**, **W**, **X**, **Y**, **Z**

Nach dem N kommen die Buchstaben **O**, **P**, **Q**.
Dazu merkst du dir: **OP**a trägt statt eines Hutes eine **Q**ualle auf dem Kopf. Außerdem sehen sich die drei Buchstaben auch irgendwie ähnlich.

Dann kommt **R**, **S**, **T**.
Das klingt wie das Wort „erst“.

OPa trägt also eine **Q**ualle auf dem Kopf.
E**RST** dann stehen **UVW** (sehen sich ähnlich und bestimmt kennst du auch die Automarke VW) und **XYZ**.

Decke nun die zweite Hälfte der Buchstaben mit einem Blatt ab, und beantworte die folgenden Fragen:

7. Welche drei Buchstaben stehen nach dem N im Alphabet? Wiederhole die Eselsbrücke dazu.

___

8. Welche drei Buchstaben kommen nach dem Q im Alphabet? Wiederhole die Eselsbrücke dazu.

___

Wiederhole das ganze Alphabet mit den Eselsbrücken nun fünfmal, damit es sich gut einprägt!

9. Nenne die letzten drei Buchstaben im Alphabet.

___

10. Welche drei Buchstaben stehen nach dem T im Alphabet?

___

11. Welche Buchstaben fehlen?

A B C ___ E ___ G H ___ J ___ L ___ N ___ P ___ ___ S ___ ___ V ___ ___ Y ___

A B ___ ___ E ___ ___ H ___ ___ K ___ ___ N O ___ ___ R ___ ___ U ___ ___ X ___ ___

Z ___ ___ W ___ ___ T ___ ___ Q ___ ___ N ___ ___ ___ J ___ ___ G ___ ___ D ___ ___ ___

Übung 2

Ordne nun die Buchstaben in die richtige Reihenfolge.

1.

Z	W	M	B	K	I

2.

Y	O	C	D	R	F

3.

O	W	D	F	S	V

4.

M	P	J	N	I	O

5.

P	N	K	O	M	L

6.

J	B	G	T	R	K

Übung 3

Bitte deinen Lehrer oder deine Lehrerin, diese Seite zu kopieren und schneide die Kärtchen aus.

Ordne dann die Kärtchen so schnell wie möglich nach dem Alphabet.

Igel	Unterhose	Xylofon
Zeitung	Tisch	Auto
Clown	Nuss	fischen
Opa	Emil	kaufen
gehen	lustig	Pilz
Qualle	Banane	rau
still	Wolle	Maus
Ypsilon	Dose	heiß
Veronika	jagen	

Übung 4

Bitte deinen Lehrer oder deine Lehrerin, diese Seite zu kopieren und schneide die Kärtchen aus.

Ordne nun die Kärtchen so schnell wie möglich nach dem Alphabet. Achtung: Hier sind Wörter mit dem gleichen Anfangsbuchstaben dabei. Bei diesen Wörtern musst du auch auf den zweiten Buchstaben achten.

Ameise	Bus	Jäger
Kind	Dach	Loch
Ruhe	Abfall	Oper
Haus	Nase	Alkohol
Rabe	Henne	Nest
Biene	Sessel	Erfolg
Uhr	Delfin	Kleid
Fisch	Motor	Gabel
Tafel	Wasser	Zange
Zeppelin	Euro	Tuch

Übung 5

Hängt die neuen Wörter in der Klasse auf. So prägen sie sich besser ein!

Die unterstrichenen Wörter im Text sind falsch geschrieben. Finde die richtige Schreibweise mit dem Wörterbuch heraus.

Streiche die falschen Wörter durch und schreibe die richtige Schreibweise darüber. Hebe die Besonderheit in der Schreibweise hervor. Mache das so: Schn**ee**flo**ck**e

1. Lies den Text durch, ohne dich auf die Fehler zu konzentrieren, um den Sinn zu erfassen.
2. Lies den Text ein zweites Mal. Diesmal konzentrierst du dich auf die Rechtschreibung der unterstrichenen Wörter.

Beim Bobfahren

„Es schneit schon wieder“, stellt der Lehrer fest. Die Kinder schauen sofort mit sensüchtigen Blicken zum Fenster hinaus. Dicke Schneeflocken fallen vom Himmel. Die Landschaft sieht bereits aus, als wäre sie in Watte gepakt. Am Nachmittag gehen Roman und Julian Bob fahren. Auf dem Berg haben sich schon viele Kinder fersamelt. „Achtung, ausweichen!“, schreit Bernhard und schießt knapp an Roman und Julian mit seinem Bob vorbei. Katharina sprihngt mit ihrem Schlitten über die Schprungschantze und landet im Schnee und Klaus rutscht auf dem Hosenboden den Hang hinunter.

Da kommt Herr Mahler des Weges. Herr Mahler ist der Schuldirektor. Alle Kinder kennen und mögen ihn. Er geht mit seinem Hund Rex spatzieren. „Möchten Sie auch einmal runterfahren?“, fragt ihn Bernhard. „Ich borge Ihnen gerne meinen Bob.“

Herr Mahler überlegt nur kurz. „Oh, das wäre schön“, sagt er. „Passt du in der Zwischenzeit auf Rex auf?“ Klar macht Bernhard das und der Direktor macht sich gleich auf den Weg, den Berg hinauf. Oben wird er mit lautem Hallo von den Kindern begrüsst.

Herr Mahler schwingt sich auf den Bob, streckt seine langen Beine weit von sich und saust den Hang hinunter.

„Bravo“, jubeln die Kinder. Sie finden es ziemlich lustig, wie der Direktor den Berg hinunterschihst. Eigentlich war er nämlich schon viel zu groß für den Bob. Der Direktor genießt die Fahrt und hüpft sogar über die kleine Schanze, die die Kinder gebaut haben.

„Super!“, klatschen die Kinder begeistert. Das hätten sie dem Direktor gar nicht zugetraut. Unter tosendem Aplauß und lautem Gejohle kommt er unten an.

„Das war klasse, Danke fürs Borgen“, grinst er, als er den Bob zurückgibt. Er verabschiedet sich noch und geht dann weiter mit seinem Hund spatzieren.

3. Unterstreiche die Wörter, deren Buchstaben sich in alphabetischer Reihenfolge befinden.

A B C D E F G H I J K L M N O P Q R **S T** U V W X Y Z

Zum Beispiel: Ast

Eis	Geld	Schiff	Film	dein
Oma	Ost	ein	Bein	erst
du	er	Baum	Dachs	finden

4. Unterstreiche nun die Wörter, deren Buchstaben sich in alphabetischer Reihenfolge befinden, aber von hinten nach vorne.

A B C D E F G H I J K L M **N O** P Q R S **T** U V W X Y Z ←

Zum Beispiel: Ton

Oma	Ute	Wurst	Tiger
Zebra	Wunder	Olli	Schlange
Sofa	Post	Puppe	Wurm
Rolle	roh	Sonne	

5. Suche in deinem Wörterbuch vier Wörter, die so anfangen:

a) Kro...

b) Leh...

c) Fri...

Schreibe schwierige Wörter auf kleine Lernkärtchen, die du immer wieder durchgehst.

Übung 6

1. Lies den Text, ohne dich bei Wörtern aufzuhalten, deren Sinn du nicht verstehst. Versuche im Zusammenhang zu erkennen, was diese Wörter bedeuten könnten.
2. Lies den Text ein zweites Mal. Schlage die Bedeutung aller Wörter, die unterstrichen sind, und aller Wörter, deren Sinn du nicht kennst, im Wörterbuch nach.

Wir backen leckere Vanillekipferl

„Wenn ihr von der Schule heimkommt, backen wir Vanillekipferl", verspricht Mama. Wir können es kaum erwarten, deshalb machen wir die Hausaufgaben an diesem Tag besonders schnell.

„Seid ihr etwa schon fertig?", fragt uns Mama ungläubig und will zuerst alles anschauen. Schließlich dauert es doch die übliche Zeit, bis wir alles erledigt haben. Mama lässt einfach vorher nicht locker. (siehe „lockerlassen")

Endlich ist es so weit. Mama hat den Teig bereits am Vormittag zubereitet. Jetzt machen wir uns gleich an die Arbeit. Zuerst schneiden wir den Teig in zwei gleich große Stücke. Aus jedem Stück machen wir eine Rolle. So eine Rolle hat einen Durchmesser von ca. 3 cm. Die Rolle schneiden wir dann in kleine Scheibchen. Jedes Scheibchen ist etwa 1 cm breit. Die Scheibchen müssen ungefähr gleich groß sein, damit später die Vanillekipferl auch gleich groß werden.

Du musst im Wörterbuch immer nach der Grundform suchen (gehen, zeigen ...).

Jedes Scheibchen rollen wir dann zu einer kleinen Nudel und formen daraus ein Kipferl. Obwohl wir uns bemühen, sieht doch jedes Kipferl ein wenig anders aus. „Das macht nichts, wenn sie verschieden aussehen", sagt Mama. „Sie schmecken deshalb genauso gut." Nach dem Backen wälzen wir die Kipferl noch in Puderzucker, den wir mit Vanillezucker verfeinert haben. Die Kipferl schmecken wirklich ausgezeichnet.

3. Nun schlage die Bedeutung der folgenden Wörter im Wörterbuch nach.

Wenn du dir die Buchstaben des Alphabets in das Wörterbuch wie bei einem Register hineinklebst, findest du das gesuchte Wort schneller.

Wort:	Bedeutung:
ungläubig	
lecker	
nicht lockerlassen	
sich bemühen	
etwas verfeinern	
etwas schmeckt ausgezeichnet	

Übung 7

Suche die Wörter im Wörterbuch immer unter der Grundform.
Wie lautet die Grundform bei den folgenden Wörtern?

ging ______________

sprach ______________

wagte ______________

regnete ______________

ertrug ______________

begrüßte ______________

sang ______________

turnte ______________

log ______________

besaß ______________

nannte ______________

blieb ______________

benutzte ______________

hieß ______________

ließ ______________

raschelte ______________

rief ______________

bemerkte ______________

kam ______________

las ______________

fand ______________

wollte ______________

liebte ______________

sprang ______________

gefiel ______________

schwamm ______________

fiel ______________

lag ______________

Übung 1

Die Stadtmaus und die Landmaus

Eines Tages wollte ein Stadtmäuserich seinen Cousin auf dem Lande besuchen. Er war ein rauer Geselle, der Landmäuserich, doch er liebte seinen Stadtfreund und bereitete ihm ein herzliches Willkommen. Es gab Bohnen und Speck, Brot und Käse. Das war alles, was er anbieten konnte, doch er tat es mit einer großen Herzlichkeit.

Der Stadtmäuserich rümpfte die Nase und sagte: „Ich verstehe nicht, Cousin, wie du mit so einem armseligen Essen zurechtkommen kannst. Aber man kann ja nichts anderes vom Land erwarten. Komm doch zu mir und ich werde dir zeigen, wie man wirklich leben soll. Wenn du einmal eine Woche in der Stadt warst, wirst du dich wundern, wie du je das Landleben ertragen konntest!“

Also machten sich die beiden Mäuse auf in die Stadt und kamen spät in der Nacht in der Wohnung der Stadtmaus an.

„Du hättest sicherlich gerne eine Erfrischung“, sagte die höfliche Stadtmaus und führte ihren Freund in das luxuriöse Speisezimmer. Dort fanden sie Reste eines Festessens und bald waren die beiden Mäuse damit beschäftigt, Kuchen und Gelees zu verzehren und sie fanden viele gute andere Dinge.

Plötzlich hörten sie ein Brummen und Bellen. „Es sind nur die Haushunde“, sagte der Gastgeber. „Nur?“, sagte die Landmaus, „ich mag diese Musik nicht bei meinem Dinner.“

Gerade in diesem Moment sprang die Tür auf, und es kamen zwei riesige Bulldoggen herein. Die beiden Mäuse mussten schnell vom Tisch springen und sich verstecken.

„Lebe wohl“, sagte die Landmaus. „Was? Du willst schon wieder abreisen?“, fragte die andere Maus. „Ja“, antwortete diese, „besser Bohnen und Speck in Frieden als Kuchen und Wein in Angst und Schrecken!“

1. Was bedeutet wohl der letzte Satz in der Geschichte?

   Bohnen und Speck – Kuchen und Wein, sind das Gegensätze?

   Zum Nachdenken:
   Das Leben auf dem Lande hat früher einmal bedeutet, dass die Leute nur einfache Dinge zum Essen hatten. Sie hatten nur das, was sie von ihrer Landwirtschaft bekommen konnten.

   In der Geschichte hat die Stadtmaus zwar jeden Luxus beim Essen, lebt aber gefährlicher als die Landmaus. Was möchtest du sein, Stadtmaus oder Landmaus? Warum?

2. Die Mäuse hatten große Angst vor den Hunden. Hattest du auch schon einmal Angst vor einem Hund? Erzähle davon.

3. Zeichne eine Bildergeschichte mit sechs Bildern. Thema: Ein lustiger Urlaub. Erzähle die Geschichte anhand der Bilder.

Übung 2

Die Gans mit den goldenen Eiern

Eines Tages fand ein Bauer im Nest seiner Gans ein glitzerndes gelbes Ei. Er nahm es aus dem Nest und merkte, dass es schwer war wie Blei. Schon wollte er es wegwerfen, denn er dachte, jemand hätte sich einen Spaß mit ihm erlaubt. Doch er nahm es mit nach Hause und sah es genauer an. Nun bemerkte er, dass das Ei aus purem Gold war.

Jeden Morgen fand er nun ein goldenes Ei im Nest seiner Gans. Er wurde ein reicher Mann, denn er verkaufte diese Eier für gutes Geld. So wurde er immer reicher, aber auch immer geiziger. Eines Tages tötete er die Gans, denn er wollte wissen, wie viel Gold in ihr steckte. Er fand aber nichts. Nun konnte er auch keine goldenen Eier mehr verkaufen.

Hier ist eine moderne Version dieser Fabel:

Es war einmal ein kleiner Junge, der hieß Markus. Er war sehr verwöhnt, denn die Eltern erfüllten ihm jeden Wunsch.

Wenn er sich einen Teddybär wünschte, schenkten ihm die Eltern gleich vier Bären. Bald wollte er ein Computerspiel haben, schon am nächsten Tag war sein Wunsch erfüllt. Geld spielte keine Rolle.

Markus wollte einen richtigen Computer haben, so wie alle großen Leute, sofort stand in seinem Zimmer das schönste und teuerste Modell. Er konnte aber nicht wirklich mit dem Computer umgehen, am liebsten beschäftigte er sich mit einfachen Spielen. Freunde gab es keine für Markus, denn er wollte alles für sich allein besitzen.

Markus hatte keine Zeit und auch keine Lust zum Lernen. Wozu auch? Die Eltern erfüllten ihm jeden Wunsch. Als er erwachsen war, kauften ihm die Eltern ein großes Haus mit einem Garten.

Er hatte auch keinen Beruf, denn jederzeit erhielt er genügend Geld von seinen Eltern. Er wurde ein reicher Mann. Allmählich aber wurden die Eltern alt und krank und starben. Markus war zwar traurig, aber er hatte viel Geld von seinen Eltern geerbt. Er saß weiterhin am Computer und spielte den ganzen Tag.

Allmählich wurde das Geld der Eltern weniger und weniger. Markus musste das Haus verkaufen und nach und nach alle Dinge, die noch einen Wert besaßen. Auch der Computer musste eines Tages ins Pfandhaus gebracht werden. Markus hatte nichts mehr. Er hatte ja in der Schule nicht lernen wollen, also gab es auch keine Arbeit für ihn. Erst jetzt hatte er begriffen, dass Reichtum allein nicht genug ist im Leben.

1. Welche Geschichte gefällt dir besser, die ursprüngliche Geschichte mit der Gans oder die moderne Geschichte? Erkläre, warum dir die erste oder zweite Geschichte besser gefällt.
2. Was würdest du anders machen? Sprecht in der Klasse darüber.
3. Welche Sätze stimmen für beide Geschichten? Kreuze die zutreffende Antwort an.

a) Geld spielte die größte Rolle. ☐
b) Er wurde ein reicher Mann. ☐
c) Er lebte glücklich bis an sein Lebensende. ☐
d) Er dachte nur an sich, nicht an die anderen Menschen. ☐

4. Welche Satzteile passen zusammen?
Male die Kästchen in der gleichen Farbe an.

1	Eines Tages fand ein Bauer	a	und sah es genauer an.
2	Er nahm es aus dem Nest und merkte,	b	ein goldenes Ei im Nest seiner Gans.
3	Er nahm es mit nach Hause	c	denn er verkaufte diese Eier für gutes Geld.
4	Nun bemerkte er,	d	goldenen Eier mehr verkaufen.
5	Jeden Morgen fand er nun	e	denn er wollte wissen, wie viel Gold in ihr steckte.
6	Er wurde ein reicher Mann,	f	ein glitzerndes gelbes Ei.
7	Eines Tages tötete er die Gans,	g	dass das Ei aus purem Gold war.
8	Nun konnte er auch keine	h	dass es schwer war wie Blei.

5. Erzähle die Geschichte „Die Gans mit den goldenen Eiern" nach. Die folgenden Schlüsselwörter helfen dir dabei:

Bauer – Nest – Gans – goldenes Ei – verkaufte –
reich – geizig – tötete Gans

Übung 3

Der Mann, der den Schatten verkaufte

Es war einmal ein reicher Mann, der hatte ein schönes Haus am Ende der Dorfstraße. Das Haus war wunderbar eingerichtet, doch das Besondere an diesem Besitz war wohl ein riesengroßer Maulbeerbaum, der neben dem Haus stand. Oft saß der Mann im Schatten des Baumes und hielt seinen Mittagsschlaf. Es war angenehm, so zu ruhen.

Eines Tages kam ein Wanderer, der schon lange in der prallen Sonne gegangen war. Endlich fand er hier Schatten und ließ sich müde und abgespannt auf einer Bank im Schatten des Baumes nieder.

Der reiche Mann war zornig. Er weckte den müden Wanderer auf und schrie ihn an: „Was fällt dir ein, dich einfach hierher zu setzen? Der Baum gehört zu meinem Besitz, du hast nicht das Recht, dich einfach hierher zu setzen!“

Je mehr du liest und je mehr Übungen du machst, desto besser wirst du im Lesen!

Der Wanderer war sehr erstaunt über die Herzlosigkeit des reichen Mannes, doch er war ein kluger Mann und sagte: „Gut, der Schatten des Baumes gehört also dir! Wie wäre es, wenn du mir den Schatten verkaufst? Ich habe genug Geld, dafür zu bezahlen. Dann kann ich mit gutem Gewissen hier sitzen und ausruhen!“

Der reiche Mann überlegte eine Weile, zog dann seine Freunde zu Rate und bot schließlich dem Wanderer den Schatten zu einem hohen Preis an.

Der Wanderer kam nun jeden Tag und setzte sich in die Kühle des Baumes. Der reiche Mann konnte nichts dagegen tun. Manchmal kam der Wanderer zu einer anderen Tageszeit. So geschah es, dass er plötzlich mitten im Hofe des Hauses saß,

denn er hatte das Recht, den Schatten für sich in Anspruch zu nehmen. Bald brachte der Wanderer auch seine Freunde mit, sie unterhielten sich fröhlich und mit lauter Stimme im Schatten des Baumes. Bald brachte er auch Tiere mit, alle wollten den Schatten genießen. Der reiche Mann hatte Gäste bei sich, doch der Wanderer setzte sich mitten in die erlesene Runde.

Die Freunde des reichen Mannes waren erstaunt und fragten den reichen Mann, was hier wohl passiert wäre. Nun musste der reiche Mann seinen großen Fehler zugeben. Alle lachten ihn aus.

So hatte dieser schließlich keine Möglichkeit mehr, in Ruhe zu leben. Er musste in eine andere Stadt ziehen. Der Wanderer aber zog in das Haus des reichen Mannes ein und lebte glücklich und zufrieden.

C. Dresser
übersetzt von Christl Meixner

1. Warum haben die Freunde den reichen Mann ausgelacht? Tut dir der reiche Mann leid? Redet in der Klasse darüber.

2. Kreuze die richtige Antwort an.

2.1 Was war das Besondere am Besitz des reichen Mannes?

a) Er hatte ein großes Haus. ☐
b) Er wohnte am Ende der Dorfstraße. ☐
c) Er hatte einen großen Maulbeerbaum neben seinem Haus. ☐

2.2 Wie verhielt sich der Mann, als ein Wanderer kam?

a) Er wollte ihn fortjagen. ☐
b) Er bot ihm den Schatten seines Baumes an. ☐
c) Er ließ ihn auf der Bank ausruhen. ☐

2.3 Warum war der Verkauf des Schattens des Maulbeerbaumes keine gute Idee?

a) Der Wanderer konnte immer im Schatten sitzen. ☐
b) Der reiche Mann hatte viel Geld dafür gezahlt. ☐
c) Der reiche Mann wurde ausgelacht. ☐

2.4 Was machte der reiche Mann?

a) Er zog in eine andere Stadt. ☐
b) Er verklagte ihn beim Richter. ☐
c) Er kaufte den Schatten wieder zurück. ☐

3. Suche die Schlüsselwörter im Wortsuchspiel.

Die Wörter sind von links nach rechts und von oben nach unten geschrieben.

Trage die neuen Wörter in die Wörterliste hinten im Buch ein!

Schlüsselwörter:

Mittagsschlaf, Herzlosigkeit, Maulbeerbaum, Möglichkeit, Nachmittag, Tageszeit, Schatten, Wanderer, Gewissen, Freunde, Fehler, Kühle, Recht, Tiere, Gäste, Stadt, Ruhe

A	M	A	U	L	B	E	E	R	B	A	U	M	V
S	I	Y	X	C	V	B	T	E	W	Q	X	Ö	C
D	T	A	G	E	S	Z	E	I	T	U	M	G	B
F	T	X	Y	F	R	E	U	N	D	E	U	L	N
W	A	N	D	E	R	E	R	Z	U	I	O	I	A
J	G	Ä	S	T	E	X	G	V	H	K	P	C	C
K	S	C	H	A	T	T	E	N	U	P	Ü	H	H
R	S	T	A	D	T	X	W	R	J	Ö	Ä	K	M
U	C	F	Q	W	E	T	I	E	R	E	Y	E	I
H	H	E	R	Z	L	O	S	I	G	K	E	I	T
E	L	H	Y	C	R	Z	S	Z	P	Ü	O	T	T
L	A	L	Q	Y	A	Y	E	Q	W	H	R	T	A
Ö	F	E	T	E	W	A	N	S	D	L	R	T	G
Ä	P	R	E	C	H	T	Ö	L	J	E	N	B	V

4. Wenn du Gelegenheit hast, dann beobachte den Schatten eines Baumes während eines ganzen Tages.

Wie sieht der Schatten zu Mittag aus, wie sieht er am Nachmittag aus? Was, glaubst du, ist der Grund dafür?

___

Übung 4

Der aufgeblasene Frosch

„Vater“, sagte ein kleiner Frosch zum großen, der an einem Teich saß. „Ich habe so ein schreckliches Ungeheuer gesehen! Es war groß wie ein Berg, mit Hörnern auf dem Kopf, mit einem langen Schwanz und es hatte Hufe, die zweigeteilt waren!“

„Ach, mein Kind“, sagte der alte Frosch. „Das war nur der Ochse vom Bauern Weiß. Er ist auch gar nicht so besonders groß, vielleicht ein bisschen größer als ich, aber ich könnte mich leicht genauso groß machen, schau nur!“ Und er blies sich auf und wurde größer und größer. Er blies sich immer weiter auf. „War er so groß?“, fragte er.

„Nein, viel größer!“, sagte der kleine Frosch.

Wieder blies sich der alte Frosch auf und fragte den kleinen: „Ist der Ochse so groß gewesen?“

„Größer, Vater, größer!“, sagte der kleine Frosch.

Also holte der Frosch tief Atem und blies und blies und blies sich weiter auf, er wurde größer und größer. Dann sagte er: „Der Ochse ist sicherlich nicht so groß gewesen!“ Doch im selben Moment zerplatzte er.

1. Warum glaubst du, handelt der alte Frosch so unsinnig? Kreuze die zutreffende Antwort an.

a) Er ist unvorsichtig. ☐
b) Er glaubt an etwas, das unmöglich ist. ☐
c) Er will vor seinem Kind als der Große dastehen, Ansehen haben. ☐
d) Er will besser und größer sein als die anderen. ☐

2. Warum geben manche so gerne an?
   Was erreichen sie damit?

   Hast du auch schon einmal angegeben? Warum?
   Was hat es gebracht? Sprecht in der Klasse darüber.

3. Kannst du das Kreuzworträtsel lösen?
   (Umlaute werden in ein Kästchen geschrieben, z. B. „ö“.)

waagrecht: →

1) Ein grünes Tier, das hüpft.
5) Ein anderes Wort für Drache, das mit „U“ beginnt.
7) Wenn man ihn zuviel aufbläst, dann kann der Ballon …
10) Kühe haben keine Füße, sie haben …

senkrecht: ↓

2) Manche Tiere haben zwei …
3) Viele Tiere haben einen …
4) Einen Luftballon kann man…
6) Luft aus dem Mund
8) Wasser, in dem oft Fische sind
9) Gegenteil von Tal

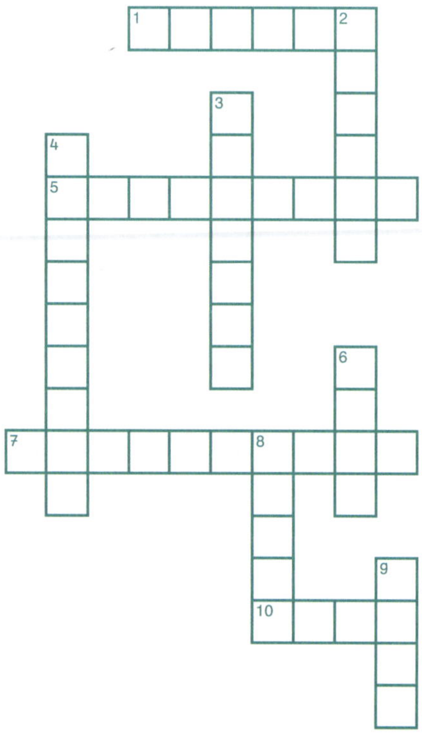

Hier ist noch eine Spezialaufgabe für dich.

Setze die Anfangsbuchstaben der Dinge beim Lesen ein und schon kannst du die Geheimschrift lesen.

Ge  eimschrift:

Super!

Du  ast d  s Lesetraining 3

gescha   t und  ist j  tzt

 ine ric  tige Les  eule.

 erzlic  en Glückwunsc  !

Viel Sp  ß in den  erien!

Sofia

Abschluss-Lesetest

Mit dem folgenden Lesetest kannst du überprüfen, wie gut du nun, nachdem du das Lesen intensiv trainiert hast, Texte verstehen kannst.

Aufgabenstellung:

- Der Test besteht aus vier Teilaufgaben.
- Löse alle vier Aufgaben und vergleiche anschließend deine Ergebnisse mit den Lösungen auf Seite 118.
- Je mehr richtige Antworten du hast, desto besser hast du die Texte verstanden.

Aufgabe 1:

Lies dir jeden Satz durch und stelle fest, ob die Aussage richtig **R** oder falsch **F** ist. Kreise die jeweils zutreffende Aussage ein.

Zeit: 3 Minuten

1)	Himbeeren sind blau.	**R**	**F**
2)	Wenn ein Tier krank ist, muss man mit ihm zum Tierarzt.	**R**	**F**
3)	Ein Küchenmesser besteht aus Plastik und Wolle.	**R**	**F**
4)	Orangen muss man vor dem Essen schälen.	**R**	**F**
5)	Bei Basketball schießt man mit dem Fuß.	**R**	**F**
6)	Der Hahn kräht.	**R**	**F**
7)	Wer schlecht hört, braucht ein Hörgerät.	**R**	**F**
8)	Im Wohnzimmer befindet sich das Waschbecken.	**R**	**F**
9)	Ein Polizist hat eine Pistole.	**R**	**F**
10)	Im Winter zieht man kurze Hosen an.	**R**	**F**
11)	Eine Henne ist ein Singvogel.	**R**	**F**
12)	Igel haben Stacheln.	**R**	**F**
13)	In der Schule lernt man.	**R**	**F**
14)	Ein Wellensittich ist ein Vogel.	**R**	**F**
15)	In der Nacht ist es finster.	**R**	**F**
16)	Wenn es brennt, dann ruft man die Feuerwehr.	**R**	**F**

17)	Wenn es schneit, ist es heiß.	**R**	**F**
18)	Vor lauter Zorn küsst man sich.	**R**	**F**
19)	Mit dem Adventskalender zählt man die Tage bis zum Geburtstag.	**R**	**F**
20)	Nasse Haare trocknet man mit dem Föhn.	**R**	**F**

Aufgabe 2:

Lies dir jeden Satz durch und setze das passende Wort ein.

Zeit: 4 Minuten

Karotten, Gruben, Nahrung, wohl, Angst, Freie, Haken

Das Kaninchen gehört zur Familie der Hasen. In Gefangenschaft, also wenn wir es als Haustier halten, kann es sehr zutraulich werden. Das Kaninchen gräbt gerne ________________. Es hat ein weiches Fell, kurze Löffel und einen Stummelschwanz. Kaninchen sind Rudeltiere und leben gerne gesellig. Wenn sie viele Freunde um sich haben, fühlen sie sich so richtig ________________. Am liebsten mögen sie Löwenzahnblätter, ________________ und Rüben. Aber auch Getreidekörner und Mais gehören zu ihrer ________________.

Kaninchen mögen es auch, wenn man sie streichelt und im Arm hält. Zuvor müssen sie allerdings mit den Menschen vertraut werden. Sonst haben sie nämlich große ________________ vor ihnen und dann kann es schon einmal passieren, dass sie ihre Krallen zeigen. Entkommt ein Kaninchen aus dem Stall ins ________________, dann hoppelt es vergnügt im Gras herum. Dann ist es ganz schön schwierig es wieder einzufangen, weil es ständig beim Laufen ________________ schlägt.

Aufgabe 3:

Im folgenden Text haben sich 10 Wörter eingeschlichen, die nicht in den Text passen, die also keinen Sinn ergeben.

Finde sie und streiche sie durch.

Zeit: 5 Minuten

Die Heinzelmännchen waren kleine lustige Kerlchen, die im Märchenland lebten. Sie waren allen Menschen gegenüber ihnen hilfsbereit. Wo immer sie auftauchten, waren sie willkommen.

Eines Nachts kamen sie ihr in eine Backstube.
Der Bäcker war bereits zu Bett gegangen und schnarchte laut. Währenddessen kneteten die Heinzelmännchen in der Backstube den Teig und formten das Speisen Brot. Als der Bäcker am nächsten Tag fünf aufwachte und seine Backstube betrat, war alle Arbeit bereits getan. Der Bäcker wunderte sich über die Hilfe, freute sich jedoch sehr darüber.

In der nächsten Nacht halfen die Heinzelmännchen hoch dem Fleischer. Während dieser schlief, machten sie nützlich ihm seine Arbeit.

Als der Fleischermeister am nächsten Tag seine Fleischerei betrat, staunte er nicht schlecht lustig. Alle Arbeit war getan. Die Würste hingen fix und fertig an der Wand und alles war blitze sauber. Auch der bunte Fleischer freute sich sehr über die Hilfe. Die Heinzelmännchen halfen in den nächsten Nächten auch dem Weinhändler und dem Schneider. Die Frau des Schneiders aber wollte bis unbedingt wissen, wer hier half. So streute sie Erbsen auf die Treppe.

Als die Heinzelmännchen wieder kamen, um zu helfen, rutschten sie auf den Erbsen aus durch und fielen hin. Durch den Lärm wurden im Hause alle wach und die Heinzelmännchen wurden entdeckt.

Seit diesem Tag kamen sie nie wieder, um zu helfen.

Aufgabe 4:

a) Welches Tier ist gemeint? Male das richtige Bild an. ⏱ Zeit: 2 Minuten

Es hat einen buschigen Schwanz und lebt auf Bäumen.
Im Herbst vergräbt es seine Vorräte für den Winter.
Es frisst gerne Nüsse und Zapfen.

a) das Schaf

b) das Eichhörnchen

c) der Fuchs

b) Wie liegt das Gemüse? ⏱ Zeit: 3 Minuten

Der Vater richtet Gemüse zum Kochen her. Zuerst wäscht er eine Karotte, dann wäscht er einen gelben Paprika und dann drei Tomaten. Er legt das Gemüse der Reihe nach auf ein Brett. Nachher schält er noch eine Gurke und eine Kartoffel und legt sie zum anderen Gemüse dazu. Sabine isst die Karotte auf. Welches Gemüse liegt auf dem Brett und in welcher Reihenfolge? Zeichne es ohne nachzulesen auf.

Nun vergleiche mit den Lösungen auf Seite 118 und trage deine Ergebnisse hier ein:

Aufgabe 1: Anzahl richtiger Antworten: ________________ /20

Aufgabe 2: Anzahl richtig eingesetzter Wörter: ________________ /7

Aufgabe 3: Anzahl der Wörter, die nicht in den Text passen: ________________ /10

Aufgabe 4: Anzahl richtiger Lösungen: ________________ /2

LÖSUNGEN

Aufgabe 1: Richtig oder falsch

1. R Ⓕ	6. Ⓡ F	11. R Ⓕ	16. Ⓡ F
2. Ⓡ F	7. Ⓡ F	12. Ⓡ F	17. R Ⓕ
3. R Ⓕ	8. R Ⓕ	13. Ⓡ F	18. R Ⓕ
4. Ⓡ F	9. Ⓡ F	14. Ⓡ F	19. R Ⓕ
5. R Ⓕ	10. R Ⓕ	15. Ⓡ F	20. Ⓡ F

Aufgabe 2: Wörter richtig einsetzen

Das Kaninchen gehört zur Familie der Hasen. In Gefangenschaft, also wenn wir es als Haustier halten, kann es sehr zutraulich werden. Das Kaninchen gräbt gerne <u>Gruben</u>. Es hat ein weiches Fell, kurze Löffel und einen Stummelschwanz. Kaninchen sind Rudeltiere und leben gerne gesellig. Wenn sie viele Freunde um sich haben, fühlen sie sich so richtig <u>wohl</u>.
Am liebsten mögen sie Löwenzahnblätter, <u>Karotten</u> und Rüben. Aber auch Getreidekörner und Mais gehören zu ihrer <u>Nahrung</u>.
Kaninchen mögen es auch, wenn man sie streichelt und im Arm hält. Zuvor müssen sie allerdings mit den Menschen vertraut werden. Sonst haben sie nämlich große <u>Angst</u> vor ihnen und dann kann es schon einmal passieren, dass sie ihre Krallen zeigen. Entkommt ein Kaninchen aus dem Stall ins <u>Freie</u>, dann hoppelt es vergnügt im Gras herum. Dann ist es ganz schön schwierig es wieder einzufangen, weil es ständig beim Laufen <u>Haken</u> schlägt.

Aufgabe 3: Falsche Wörter im Text

Die Heinzelmännchen waren kleine lustige Kerlchen, die im Märchenland lebten. Sie waren allen Menschen gegenüber ~~ihnen~~ hilfsbereit. Wo immer sie auftauchten, waren sie willkommen. Eines Nachts kamen sie ~~ihr~~ in eine Backstube. Der Bäcker war bereits zu Bett gegangen und schnarchte laut. Währenddessen kneteten die Heinzelmännchen in der Backstube den Teig und formten das ~~Speisen~~ Brot. Als der Bäcker am nächsten Tag ~~fünf~~ aufwachte und seine Backstube betrat, war alle Arbeit bereits getan. Der Bäcker wunderte sich über die Hilfe, freute sich jedoch sehr darüber. In der nächsten Nacht halfen die Heinzelmännchen ~~hoch~~ dem Fleischer. Während dieser schlief, machten sie ~~nützlich~~ ihm seine Arbeit. Als der Fleischermeister am nächsten Tag seine Fleischerei betrat, staunte er nicht schlecht ~~lustig~~. Alle Arbeit war getan. Die Würste hingen fix und fertig an der Wand und alles war blitzesauber. Auch der ~~bunte~~ Fleischer freute sich sehr über die Hilfe. Die Heinzelmännchen halfen in den nächsten Nächten auch dem Weinhändler und dem Schneider. Die Frau des Schneiders aber wollte ~~bis~~ unbedingt wissen, wer hier half. So streute sie Erbsen auf die Treppe. Als die Heinzelmännchen wieder kamen um zu helfen, rutschten sie auf den Erbsen aus ~~durch~~ und fielen hin. Durch den Lärm wurden im Hause alle wach und die Heinzelmännchen wurden entdeckt. Seit diesem Tag kamen sie nie wieder, um zu helfen.

Aufgabe 4: Das richtige Bild anmalen

a) das Eichhörnchen
b) gelber Paprika, drei Tomaten, Gurke, Kartoffel

URKUNDE

Hiermit ernennen wir

____

zur

Leseeule

Du hast erfolgreich am Lesetraining 3 teilgenommen.

Herzlichen Glückwunsch!

______________________ ______________________

Ort und Datum | Lehrer/Lehrerin

Neues Wort:	Bedeutung:	Ein Satz mit dem neuen Wort:
Leseeule	jemand, der sehr gut und viel liest	Ich bin eine Leseeule.